AMBROISE TARDIEU
LES VOYAGES
à travers l'Europe et
l'Afrique d'un archéologue
historiographe
Suivis de Souvenirs de la vie de l'auteur

O 9 janv 1907

Ambroise Tardieu

Historiographe de l'Auvergne

LES VOYAGES

A TRAVERS
L'EUROPE & L'AFRIQUE

D'UN

Archéologue-Historiographe

SUIVIS DES

Souvenirs de la Vie de l'Auteur

CLERMONT-FERRAND
IMPRIMERIE PAUL RACLOT, RUE PRÉVOTE & RUE TERRASSE
1906
Cet ouvrage se trouve chez l'Auteur
à ROYAT (Puy-de-Dôme)

Cet ouvrage n'a pas été mis
dans le commerce et tiré
pour les seuls souscripteurs,
les amis ou bienveillants. Il
se trouve chez l'auteur à
ROYAT (Puy-de-Dôme).
Tous les exemplaires portent
la griffe-signature de l'auteur.

AVANT-PROPOS

ÉUNIR *nos divers voyages, accomplis pendant plus de 15 ans, non dans un simple but de passe-temps : mais afin de se rendre un compte exact des hommes et des choses de l'Europe et du continent africain, est une œuvre que nous livrons au public curieux et intelligent. Le célèbre penseur Stendalh (Beyle) a écrit : « L'Univers est une espèce de livre ouvert dont on n'a que la première page quand on n'a vu que son seul pays ». L'arabe, d'autre part, dit : « Voyage et tu trouveras de nouveaux amis. » Notre avis personnel est que celui qui a voyagé devient, forcément philosophe et, peut-être, meilleur. Certes, on ne peut véritablement aimer la grande et commune patrie qu'en aimant tout d'abord de tout son cœur et de toute son âme la petite patrie régionale qui fut notre berceau et où dorment de leur dernier sommeil des lignées d'ancêtres ; mais celui qui, véritablement, est humanitaire, trouve aussi avec raison que les peuples au lieu d'être des ennemis intransigeants devraient devenir des frères et doit se dire encore que bien des voisins de notre riche France possèdent souvent plus de belles choses que la mère-patrie elle-même : Ici, des monuments plus grandioses, des œuvres d'art supérieures, des institutions préférables au point de vue de la liberté vraie ou*

de l'instruction publique, des habitudes, des manières de vivre à prendre pour modèles. Oh ! combien la comparaison, la vue des belles cités amènent le cœur de l'homme à la bienveillance et à la paix ! Celui qui sait voir, sait tirer un grand profit de ses voyages, surtout s'il est bien doué au point de vue de l'art et de la science. On ne saurait trop encourager le goût des voyages à la jeunesse et la lecture des livres qui les racontent. Il n'est pas douteux qu'il en résulterait un progrès moral, même dans les intelligences les moins cultivées. Les voyages nous montrent qu'avec la civilisation actuelle, le progrès coule à pleins bords, aussi bien sur les bords de la Tamise ou du Danube que sur les rives de la Seine. Je dis plus : Nous verrons que notre belle France n'a pas tout ; que bien des nations possèdent leurs merveilles et cela nous rendra plus juste, moins personnels. Je n'ai eu qu'un but en imprimant ces pages : faire plaisir aux vrais intellectuels et les distraire. Le grand Molière a dit avec raison que c'est un métier difficile de faire rire les honnêtes gens. Je suppose que mes lecteurs penseront que l'auteur de cet ouvrage a pour mobile leur bonheur avant tout ; et comme disaient les vieux écrivains puissé-je obtenir leur souvenir et leur bonne grâce !

EN BELGIQUE, EN ANGLETERRE (en 1876)

LE beau voyage de France à Londres n'est, peut-être, surpassé par aucun autre. Je suis parti de Clermont-Fd, à la fin du mois d'août 1876 ; et grâce au train de grande vitesse, j'ai mis peu de temps pour arriver dans la capitale de la Belgique. — Bruxelles (170.000 habitants, et avec les faubourgs, 440.000) est l'une des plus belles villes de l'Europe, que l'on qualifie de *petit Paris*. Les rues sont larges ; les superbes boulevards ont 8 kilomètres. Ils ont été terminés en 1840 ; les promenades sont fort belles ; mais le climat est humide et variable, froid. Vue de l'ouest, la ville offre un amphithéâtre magnifique. Citons le palais du roi, dont la façade est simple ; mais l'intérieur somptueux, surtout le grand escalier d'honneur qui a été élevé sur les dessins de l'architecte Balat. Admirons l'hôtel de ville gothique, commencé en 1401, terminé, en 1455, par Charles le Téméraire. La longueur de l'édifice a 80 mètres et la largeur 16 mètres ; la galerie royale de peinture, où l'on remarque une merveilleuse collection de tableaux gothiques ; la bibliothèque royale, fondée en 1827 ; elle a 300.000 volumes, 40.000 estampes, 12.000 cartes ou plans et 15.000 médailles ; l'église Ste-Gudule, paroisse primaire de la ville, le plus beau des monuments religieux, fondée en 1010 ; la façade est en style ogival du XVe siècle ; le théâtre royal de la Monnaie (Grand Théâtre), élevé en 1817, restauré en 1856 ; la porte de *Hal*, bâtie en 1379, seul reste des anciens remparts de la ville, en forme de tour, avec une belle collection d'armures et d'antiquités ; le jardin botanique ; le Conservatoire de musique ; le dépôt des archives d'Etat, l'un des plus importants d'Europe. Il ne faut pas oublier le célèbre *Maneken-Pis*, fontaine placée près de l'Hôtel-de-Ville. C'est une statuette d'enfant en bronze, considérée comme le *paladium* de la cité. Le Maneken-Pis a une garde-robe de huit habillements complets ; malgré cela il est peu décent et n'interromp pas ses fonctions de Maneken-Pis. Citons encore la place royale avec la statue de Godefroy-de-Bouillon. Bien entendu, nous ne faisons qu'effleurer les curiosités de cette capitale justement vantée.

De Bruxelles, je me rends à Anvers, l'une des plus intéressantes villes de Belgique. Anvers, avec un très beau port de commerce sur l'Escaut, a près de 250.000 habitants ; c'est une place de guerre importante. La cathédrale gothique, commencée en 1322, a été achevée au XVIe siècle. Elle a 117 mètres de long et 65 mètres de large. La tour de 123 mètres de haut, est une merveille. Elle possède un célèbre carillon. N'oubliez pas de voir, dans la cathédrale, trois tableaux admirables de Rubens : la Descente de croix, le Crucifiement et l'Assomption de la Vierge. Il faut visiter le musée où se trouve de belles toiles de Van-Dyck ; le jardin zoologique, l'un des plus beaux d'Europe. Je prends le bâteau à vapeur sur l'Escaut, bâteau anglais appelé *Orion* ; et nous voilà partis pour Londres. J'arrive dans cette immense capitale par la Tamise. Je prends un *cabs*, voiture à un seul cheval, qui m'étonne par sa rapidité. J'avais eu soin d'apprendre quelques phrases d'anglais ; car, sans cette précaution vous serez incompris, complètement, à Londres ; et je dois dire que l'anglais est loin d'être empressé pour les étrangers qui ne comprennent pas son langage.

Londres mériterait à lui seul un gros volume. Forcé de nous restreindre ici, nous donnerons un simple aperçu des curiosités de cette immense capitale. Londres a 5.633.332 habitants, de nos jours (chiffre donné en 1891), 350.000 maisons. C'est une agglomération colossale, divisée par la Tamise. C'est le plus grand centre industriel et commercial du monde entier, au premier rang pour l'industrie. On y compte 30.000 ouvriers imprimeurs, 70.000 ouvriers tailleurs, 40.000 ouvriers cordonniers, 5.000 ouvriers chapeliers ; au total, un million d'ouvriers (hommes et femmes). Il y a 19 ponts ; 3 tunnels, reliant les deux rives de la Tamise ; 4 colonnes, 5 obélisques, 68 statues. Le diamètre de Londres a 7 fois la longueur de la rue de Rivoli, à Paris. Un épais brouillard jaunâtre couvre la ville, surtout en novembre. Il est tellement épais qu'il obscurcit la lumière du soleil. Les palais sont nombreux ; mais aucun n'est réellement beau. Citons St-James avec ses superbes appartements, Whïtlehall, Buckingham-palace, où réside le roi, Kensington-palace ; le palais du Parlement, gothique, commencé en 1837 ; il couvre 3 hectares 20 ares. Là se trouve la Chambre des lords, la Chambre des communes. La tour de l'horloge a 98 mètres de haut. Le cadran de l'horloge mesure 25 mètres ; l'horloge elle-même possède la plus grande cloche de l'Angleterre. La tour Victoria du Parlement est la plus grande tour carrée du monde. Elle a 23 mètres de côté et une hauteur de 104 mètres. Visitons l'abbaye de Westminster, magnifique édifice gothique, avec plusieurs centaines de monuments à l'intérieur ; la cathédrale de St-Paul, sur le modèle de St-Pierre de Rome, terminée en 1710 ; le gros bourdon pèse 4.103 kilogs ; les heures sont entendues à 37 kilomètres de distance ; la *Tour* de Londres, antique forteresse, prison d'État, avec les archives et les diamants de la couronne ; le roi Jean, fait prisonnier à Poitiers, y fut enfermé en 1357. Londres a 42 parcs ou jardins publics ; les places carrées, dites *squares,* ont un jardin, au centre. Citons les squares de Grosvenor (le plus vaste), Lincoln-ron. Les plus belles promenades sont : Hyde-Park, St-James-Park, Green-Park, Regents-Park. N'oublions pas de dire qu'il y a 15 théâtres, 170 hôpitaux, 18 bibliothèques publiques. La première bibliothèque est celle du British-Museum, qui, après la bibliothèque nationale de Paris, a le plus de volumes du monde entier, c'est-à-dire 2 millions d'imprimés ; mais son splendide catalogue, le plus important qui existe, ne comprend pas moins de 2,000 volumes. C'est grâce au savant R. Garnett, conservateur en

chef, que cet admirable travail a été entrepris en 1881, sans
discontinuer depuis. Il faut visiter à Londres : le musée britannique (British-Museum), qui a d'admirables collections
d'objets d'art ; la galerie nationale (*National Gallery*), fondée
en 1824, sur Trafalgar-squar, avec 1200 tableaux d'un choix
admirable ; le musée de *South-Kensington*, qui renferme un
musée des arts décoratifs, un musée d'éducation (livres, cartes),
une galerie de sculpture, un musée architectural, etc. ; la
galerie du collège de Dulwich (fort importante), etc. Le jardin
zoologique est une grande curiosité. Le *monument* est une
colonne de 66 mètres de haut élevée en mémoire du grand in-
cendie de 1666. Londres, ville de l'opulence, est aussi, par un
terrible contraste, la ville de la plus affreuse misère. Un usage
curieux est celui-ci : On vend sur des voitures, de petits bâtons
garnis de viande, pour les chats ; et croyez que ces derniers ne
se trompent pas quand passe la spéciale voiture ; aussi celle-ci
est-elle inondée de ces animaux qui miaulent à qui mieux mieux.
Dès le samedi soir, tout magasin est fermé à Londres à cause
du repos dominical. Enfin, il faut en faire mention ; la femme
est dite *libre*, à Londres ; aussi, n'y a-t-il pas de police des
mœurs. Je dois ne pas passer sous silence qu'à Londres le
passeport est supprimé pour l'étranger, de telle façon que jamais les hôtels ne réclament l'inscription du nom et adresse de
l'étranger qui leur arrive. Ce qui n'empêche pas la police d'être
fort bien faite et la sûreté des personnes très garantie. Disons
que l'Angleterre est le pays de la vraie liberté ; et l'on n'y voit
pas ces chinoiseries de l'administration comme chez nous, en
France...

De Londres, j'ai visité le *Palais de Cristal*. C'est le nom donné
à une superbe construction, tout en fer et verre, qui a servi,
d'abord, en 1851, à l'Exposition nationale, qui était à Hyde-
Park et occupait 9 hectares. Après l'Exposition, ce bâtiment a
été transféré dans la campagne, non loin de Londres, à Syden-
ham. Depuis, on en a fait un musée, une exposition permanente
avec des concerts. L'intérieur est divisé en 10 salles des beaux-
arts. Je n'ai pas manqué d'aller voir cette haute curiosité et
certes, j'en ai rapporté une idée grandiose de cet intelligent
peuple anglais. Je quittai Londres, non sans regrets ; j'y ré-
sidai près de trois mois ; et je revins, en novembre 1876. Le
brouillard intense m'obligea à le quitter et je rentrais à Paris,
puis à Clermont-Ferrand.

EN ITALIE (en 1881). — Au mois de novembre 1880, j'eus
la proposition d'aller en Tunisie. Je quittais Paris le

15 janvier. J'accompaguais un homme éminent, un savant littérateur, le comte d'Hérisson, chargé d'une mission archéologique en Tunisie, dont il a publié la relation, dans un volume in-4° en 1881. J'étais attaché à cette mission en qualité de secrétaire. Après avoir longé, à partir de Nice, cette poétique mer de la Méditerranée, traversé Gênes, me voilà à Florence où je visite la belle cathédrale, le merveilleux musée, l'église Ste-Croix (*santa Croce*),le baptistère célèbre,le vieux pont (*ponte vechio*) etc. Je me rends de là à Rome. Dès le lendemain, je visite le musée du Vatican, la chapelle Sixtine, les merveilleuses loges de Raphaël. Celles-ci sont au dernier étage du palais du Chef de l'Église, non loin des appartements du Saint-Père ; mais si le Pape préfère loger si haut, disons, de suite, que ses appartements sont majestueux, dignes du Grand Pontife. Le Vatican est attenant à l'église Saint-Pierre. Lorsqu'on pénètre dans cette immense basilique, où les dimensions sont énormes, les détails sont forcément, établis dans des proportions exagérées, sans aucune relation avec l'échelle humaine. Je me rappellerai, toujours, d'avoir mesuré le doigt de pied d'un ange qui supporte un bénitier De loin, il paraissait de grandeur ordinaire ; de près, il était grand comme le pied humain lui-même. Parler des merveilles de Saint-Pierre, ce serait consacrer des pages à la nomenclature. Citons le Saint-Pierre de bronze, objet de vénération de tous les pèlerins, qui ne manquent pas de baiser le pied de la célèbre statue. J'ai remarqué de nombreux confessionnaux où l'on confesse dans toutes les langues. Un usage bien curieux est celui-ci : Il s'agit du *grand pénitencier ordinaire*. Un prêtre est assis dans un confessionnal Les pénitents s'agenouillent devant lui et reçoivent, sur la tête, un léger coup de sa longue baguette. Ces pénitents, qui doivent s'être confessés préalablement, gagnent cent jours d'indulgence. La première impression produite par la vue de Rome n'est pas très favorable. Au sortir de la gare, on traverse un quartier neuf et des rues droites et larges ; on aperçoit, bientôt, le célèbre Tibre, sale, boueux, étroit. Mais si l'on s'enfonce dans les anciens quartiers populaires, là, par exemple, on retrouve le vieux Rome que l'on recherche, Toutefois, faut-il le dire, les magasins de la célèbre ville ressemblent à des caves ; les beaux cafés sont rares et peu animés Les meilleurs restaurants se trouvent chez certains confiseurs en renom. La vie, à Rome, est loin d'être à bon marché ; le climat d'hiver y laisse beaucoup à désirer. Certes, si vous voulez vous occuper d'antiquité dans cette grande ville, tout y invite. Jadis, les Papes firent de leur capitale un centre d'art et de lumières. Depuis 1870, le gouvernement italien a compris

qu'il avait intérêt à attirer les étrangers de toutes les nations dans la nouvelle capitale. Dès le 8 novembre, un décret instituait une surintendance des fouilles et en chargeait l'habile explorateur du Palatin, M. Pietro Rosa. Huit jours plus tard, les travaux du Forum commençaient. Pendant tout le moyen-âge, le Forum resté le champ aux bestiaux (*Campo Vaccino*), prit l'aspect qu'il conserva jusqu'au commencement de ce siècle. C'était une place entourée d'églises, autour de laquelle sortaient, du sol, quelques colonnes qui, chose étonnante, ne provoquaient que fort peu la curiosité des savants. Au commencement du xixe siècle, les recherches commencèrent et occasionnèrent de vives discussions comme on en constate souvent entre savants. M. Rosa aura ce mérite d'avoir soulevé le voile de bien des points obscurs. Il a fait enlever plus de 120,000 mètres cubes de terre et creuser profondément le Forum où l'on a exhumé une foule de débris antiques (1). Du Forum, montons au Palatin. Cette colline, autrefois occupée par des villas, l'était en principe, par le palais des Césars. On n'y rencontre que quelques décombres. Ajoutons qu'en 1861, l'empereur Napoléon III acheta, au roi de Naples, la partie nord et chargea M. Rosa d'y faire des fouilles. On trouva les palais des Césars. Je ne crois pas qu'il y ait un lieu où l'on vive davantage en pleine antiquité qu'au Palatin. Aussi, depuis le xvie siècle, avait-il été fouillé, pour y retrouver, selon l'usage, des mosaïques, des statues ; mais une fois la cupidité des explorateurs satisfaite, on s'empressait de recouvrir de terre les ruines un moment rendues au jour. Les travaux sérieux n'ont commencé que de notre temps. Lorsqu'on se rend à Rome, il ne faut pas manquer de visiter les *Catacombes*. Depuis 35 ans elles ont été explorées sérieusement. Ces travaux sont l'œuvre d'un contemporain des plus illustres, de M. J.-B. de Rossi. Ce grand savant m'a honoré d'une lettre précieuse d'encouragement lors de ma découverte de la ville gallo-romaine de Beauclair. Les Catacombes, où tant de martyrs chrétiens ont été ensevelis, n'ont été réellement retrouvées qu'en 1578 et étudiées, quelques années après, par le savant Bosio. Mais avant M. de Rossi, les explorations étaient faites sans méthode. L'éminent chercheur a entrepris des études colossales sur ces nécropoles superposées et nous a donné des résultats surprenants (2).

(1) Dans un troisième voyage que j'ai fait à Rome, en janvier 1888, j'ai eu l'honneur d'être guidé sur l'emplacement du Forum, par un érudit incomparable, Mgr. Chevalier, clerc national pour la France. Mgr. Chevalier est l'un des grands archéologues français. (Voir le Dictionnaire final).
(2) J'ai visité les Catacombes de Sainte-Agnès, à Rome, le 18 janvier 1888. Ce jour-là, les galeries étaient éclairées *a giorno* et j'ai assisté, sous ces voûtes antiques, à une messe où bien des émotions ont gagné les assistants. Une messe dans les catacombes est quelque chose de bien imposant.

Les véritables archéologues, les érudits sont nombreux à Rome. Depuis 1882, j'ai été en rapport avec des sommités dont le nom m'est cher. Qu'il me soit permis de les citer, ici : Le célèbre M. Fiorelli, qui dirige les fouilles de Pompeï dont nous parlerons plus loin ; le très savant M. Helbig, qui, en divers temps, m'a honoré de sa sympaphie l'un des plus illustres membres de l'Institut archéologique d'Allemagne, à Rome, critique incomparable, auteur de savants ouvrages sur les peintures murales d'Herculanum et de Pompéi ; M. Bertolotti, archiviste de l'État ; le commandeur Descemet, un érudit. Continuant mon excursion à travers Rome, je visite de nouveau le Vatican. Il a trois étages et renferme 20 cours, 200 escaliers de service, 8 grands escaliers 13,000 chambres en y comprenant les soussols. Presque tout l'édifice est occupé par des collections. Le musée du Vatican est tout un monde. Il y a un musée lapidaire, des galeries de statues, de bustes ; une galerie de tapisseries, où l'on conserve les tapisseries dont Raphaël a fait les dessins (1515) ; le musée étrusque grégorien ; le musée égyptien ; le musée profane ; le musée des antiquités chrétiennes, etc., etc. Je monte au musée du Capitole, l'un de nos beaux musées publics d'Europe ; il est rempli de sarcophages, de bustes, de statues antiques, etc. Je m'arrête, saisi d'admiration, devant la statue de Vénus dite du Capitole, la plus belle statue de Vénus léguée par l'antiquité. J'aperçois encore, sur le bord de la rue du Corso la colonne *Antonine*, composée de 28 blocs de marbre. Elle a un escalier intérieur de 190 marches. Plus loin, la colonne *Trajane*, un des beaux monuments antiques de Rome. Le fût est composé de 23 blocs de marbre blanc, de Carrare. La colonne, avec sa base et son chapiteau, a près de 26 mètres. On y monte par un escalier tournant de 182 marches taillées dans le marbre. Les bas-reliefs représentent l'expédition de Trajan (2,500 personnages). Citons encore : le Panthéon, magnifique monument, le plus remarquable que nous ait transmis la Rome antique, érigé par Agrippa, gendre d'Auguste (26 ans avant Jésus-Christ). L'intérieur se compose d'une vaste rotonde dont la voûte est formée par une coupole. Près du 3e autel, tombeau de Raphaël. Le Panthéon renferme aussi les restes de plusieurs autres artistes ; le corps du roi Victor-Emmanuel, etc. Les arcs de Titus et de Constantin sont dignes d'attention. Le premier, placé au point culminant de la voie sacrée, est le plus beau monument en ce genre qui nous soit parvenu ; le second n'est pas éloigné du précédent. Près de l'arc de Constantin, le *Colisée*, vaste ruine, une des merveilles de Rome, dans lequel tant de martyrs chrétiens ont été jetés en pâture aux bêtes féroces.

Il fut achevé 80 ans après Jésus-Christ, par Titus. Plusieurs milliers de juifs prisonniers y travaillèrent. Titus inaugura cet amphithéâtre par des fêtes qui durèrent cent jours et où furent tués 5,000 animaux sauvages et 10,000 captifs. Il servit aux combats de gladiateurs jusqu'à l'année 523 et pouvait contenir 100,000 spectateurs. L'arène ovale a 92 mètres 57, sur 59 mètres 11 ; la circonférence de l'édifice. 524 mètres. Je visite, sur les bords de la ville, les thermes de Caracalla, une des plus grandes ruines de Rome, où 3,000 personnes pouvaient se baigner à la fois. L'emplacement est un carré de 341 mètres de côté. C'est là qu'au xvi° siècle on a trouvé l'Hercule Farnèse, le Torse du Belvédère, la Vénus Callipyge. J'en profitai pour me rendre à diverses églises principales. D'abord, à Saint-Jean-de-Latran, monument grandiose, à 5 nefs, où je remarquai l'incomparable plafond à caissons dorés exécuté, en 1564, et attribué à Michel-Ange ; le maître-autel et son baldaquin ; on conserve, dans des reliquaires, les têtes des apôtres saint Pierre et saint Paul. Je me rendis ensuite à Sainte-Marie Majeure la principale des églises de Rome consacrée à la Vierge, avec trois nefs, divisées par 36 colonnes ioniques antiques et un magnifique plafond. En avant du maître-autel, chapelle souterraine où l'on conserve la crèche de l'Enfant Jésus. Le trésor des reliques accumulées à Rome est inépuisable. Il semble que rien n'ait été perdu ou que tout ait été retrouvé. On conserve la baguette de Moïse à Saint-Jean-de-Latran. On a un portrait de Jésus-Christ à 12 ans ; un autre donné à Saint-Prudent par saint Pierre ; des portraits de la Sainte Vierge par saint Luc ; la margelle du puits où Jésus-Christ s'assit quand il demanda à boire à la Samaritaine (conservée à Saint-Jean-de-Latran) ; la table sur laquelle il fit la Cène avec ses disciples ; la colonne à laquelle il fut attaché pour être flagellé (conservée à sainte Praxède) ; la pierre sur laquelle les soldats jouèrent ses vêtements (à Saint-Jean-de-Latran) ; le saint suaire où est empreinte la face de Jésus-Christ (conservé à Saint-Pierre) ; la lance avec laquelle le Christ fut frappé au côté (elle fut envoyée au Pape par le sultan Bajazet) ; enfin, la planche en bois portant la fameuse inscription : *Jesus Nazarenus rex Judæorum* (conservée à l'église Santa-Croce) ; un des 30 deniers d'argent, etc. On compte à Rome 389 églises. Un gros volume suffirait à peine pour toutes les décrire. On doit jeter un coup d'œil au palais du Quirinal, ancienne résidence d'été des Papes, aujourd'hui, la demeure du roi d'Italie. Enfin, je portai ma curiosité vers une célèbre fontaine, la fontaine de *Trevi*, exemplaire fastueux des décorations à ramages de l'école du Bernin. Neptune s'élance avec ses chevaux au milieu de rocailles. C'est une tradition populaire que si l'on a bu l'eau de cette fontaine on ne peut s'éloigner de Rome à jamais ; le sort vous y ramène. Faut-il ajouter que j'ai bu de l'eau enchanteresse ? Aussi y suis-je revenu. J'en ai bu une troisième fois, et j'y suis encore revenu. J'eus l'honneur de m'asseoir à la table de notre ambassadeur (le Mis de Noailles), qui raconta ses voyages en Afrique. Enfin, il faut visiter, à Rome, certains musées privés qui sont remplis de chefs-d'œuvres, notamment les galeries Borghèse et Doria. Dans la banlieue, on devra se rendre à la villa Borghèse et voir un autre jour, la villa Albani (au prince Torlonia (1) De Rome à Naples, le trajet se fait, en une nuit, par la voie ferrée « *Voir Naples et mourir* », tel est le vieux dicton. Naples est, réellement, splendide. Le golfe est au-dessus de toute description. Entouré de montagnes, du côté du Vésuve, celles-ci se colorent, à la chute du soleil, de teintes violettes et roses dont on ne peut se faire une idée. On admire, dominant ce tableau, ce volcan du Vésuve, toujours fumant. Le jour, sa flamme intermittente est rose; la nuit elle offre une teinte rouge vermillon très dramatique. Naples a 462.000 habitants. Son circuit total embrasse une étendue de 16 kilomètres. La rue de Tolède, qui est fort longue, est très animée. Il faut aller au théâtre San-Carlo, l'opéra de Naples et qui est célèbre (2) La Napolitaine avec ses cheveux noirs, ses grands yeux qui jettent des éclairs, son teint blanc, ses petits pieds, est un spécimen accompli. Je me rends à ce fameux musée de Naples, dont le directeur, M. Jules de Petra, a bien voulu, en différentes fois, me transmettre des lettres de remerciements que j'apprécie. Je dois signaler, ici, l'érudition, bien connue, d'un des conservateurs, M. Dominico Monaco, dont l'amitié m'est chère et qui m'a fait un accueil si gracieux. Je n'oublie pas, non plus, l'amabilité d'un autre conservateur, M. Mele. Je trouve, au musée de Naples,

---

(1) La famille *Torlonia* est originaire d'Auvergne. Antoine Torlonia fils de feu Benoît modeste cultivateur de la paroisse de Marat (Puy-de-Dôme) épousa, en 1722, à Augerolles, Marie Cambray, dont Marin, né à Augerolles, mort à Rome le 24 mars 1785, où il s'était établi ; il épousa Maria-Angela Lanci, dont Jean (Giovanni), banquier, fournisseur des armées de la République, mort à Rome en 1829. C'est lui qui commença la grande fortune de sa famille, fut créé prince romain, duc de Bracciano, par le pape Pie VII. Il fut père : 1° de Marino, aïeul de Léopold, duc de Torlonia (vivant) ; 2° Alexandre, prince de Civitella-Cesi, mort à Rome en 1886, marié à la princesse Colonna-Doria, dont une fille épouse du prince Jules Borghèse.

(2) Je suis retourné à Naples, au mois de janvier 1888 et j'assistai à un autre ballet merveilleux, dans le théâtre San-Carlo, celui de Théodora, (arrangé sur la pièce de Victorien Sardou). Je ne crois pas qu'on puisse voir des danses mieux réglées.

des milliers d'objets ; des bronzes, des marbres, des salles entières remplies de statues provenant des fouilles d'Herculanum et de Pompeï. Cet ensemble, unique au monde, vaut peut-être des centaines de millions ? Je monte à l'ancienne chartreuse, d'où l'on jouit d'un panorama féérique. On a transformé ce couvent en musée fort curieux. Je dois citer sa belle chapelle avec son pavé en mosaïque, les boiseries de la sacristie, les tableaux de maîtres, dans le chœur, etc. Faut-il passer sous silence qu'à Naples la vie est à peu près pour rien ? Chambres meublées, nourriture, domestiques, vêtements, tout est moitié comme en France.

Je vais à Herculanum, où je visite, à la lueur des torches, en descendant dans le tuf, qui a été déblayé, ce beau théâtre antique, qui est un modèle et que le Vésuve a enseveli. Je me rends, de là, à Pompéï. Je passe une soirée entière dans les ruine de cette ville, qui est restée près de 17 siècles cachée sous terre, couverte par les cendres de cet épouvantable éruption du Vésuve (l'an 79 de l'ère chrétienne) si bien décrite par le célèbre Pline le Jeune. Le souvenir de l'emplacement véritable de Pompéï était perdu. C'est seulement, en 1748, que des fouilles ont fait retrouver la ville engloutie; et, depuis cette époque, jusqu'à nos jours, des particuliers et l'État ont mis à nu cette merveille de l'univers entier. Actuellement, l'éminent M. Fiorelli, chargé de la direction des fouilles, est arrivé à déblayer plus du tiers de la ville. Pour avoir une idée vraie de la vie au temps des Césars, il faut voir, étudier Pompéï. Dans cette malheureuse ville ensevelie vivante, il y a plus de 1.800 ans, tout est en place ; il n'y manque que la population. Revenu à Naples, je traverse le tunnel appellé grotte de Pouzzoles. Je visite Pouzzoles et par un petit chemin, je monte visiter la Solfatare. C'est un volcan éteint. On descend dans son cratère où quelques arbustes ont poussé ; mais si vous faites un léger trou avec une canne ou tout autre objet et que vous approchiez du feu (un cigare allumé par exemple) aussitôt, des gaz brûlants sortent du sol. Je quitte Naples. Je me rends en Sicile par le chemin de fer qui traverse la Calabre. A Potenza, la campagne est stérile, triste pays, ravagé par d'affreux tremblements de terre. Il faisait froid ; la neige tombait ; nous étions en pleines montagnes. La voie ferrée descend, enfin, à la *botte de l'Italie*. Je suis à Reggio. Mais, depuis plusieurs heures, la température s'est élevée considérablement, grâce à l'altitude. Plus de neige ; la contrée est plantée d'orangers. Nous voilà près de Messine. On aperçoit la silhouette des montagnes de la Sicile, séparée par le détroit. La traversée se fait en une heure dans un bâteau à vapeur. Je mets pieds à terre à Messine (112.000 habitants. Cette ville s'étend en amphithéâtre aux abords du détroit. A peine arrivé, je pense à cet effrayant tremblement de terre qui, en 1785, fit périr 40.000 personnes. Pour contempler Messine, il faut monter au couvent des Capucins. Le campo-santo de la ville est placé en demipente sur une colline et remplis de statues de marbre. Le musée municipal est, au contraire indigne d'une grande cité, soit dit en passant, les rues sont malpropres. Je reprends le chemin de fer qui se dirige à Catane, en cotoyant un rivage incomparable. La mer baigne la côte et la voie ferrée suit celle-ci au milieu des orangers, des citronniers à odeurs suaves. Les arbres fruitiers étaient en fleurs, bien qu'aux derniers jours de janvier. Dès mon arrivée en Sicile, je remarquai le beau type sicilien. La race grecque s'est maintenue, jusqu'à ce jour dans le peuple de cette île. Les femmes passent avec raison pour fort belles ; plus je m'approchais de Catane, plus la population me paraissait digne de l'esthétique. Catane (84,000 habitants est le séjour de la société sicilienne, pendant l'hiver. La ville est réputée pour la plus belle de la Sicile. Une série de terrasses, étagées les unes au-dessus des autres et couvertes d'orangers, forment le premier plan de l'Etna dont elle n'est éloignée que d'une douzaine de kilomètres. Les rues sont larges et longues. De beaux jardins décorent les alentours ; mais tous sont entourés de murailles de laves. Ce qui fait du paysage de Catane quelque chose de grandiose, c'est la cime bleuâtre de l'Etna, que l'on voit fumer de toutes parts. De la rue, qui traverse en longueur la ville de Catane, on contemple ce spectacle. Il faudrait se rendre dans les Andes, en Amérique, pour retrouver un pareil tableau ; car l'Etna n'a pas mois de 3,313 mètres d'altitude. La cathédrale de Catane est ornée de chapelles remplies de statues. On y conserve le fameux voile de sainte Agathe, devenu le *palladium* de la cité. Je pris encore la voie ferrée qui, en quelques heures, me transporta à Syracuse, dans la patrie de ce grand Archimède. Syracuse (22,000 habitants), n'est qu'une faible partie de l'antique cité si célèbre. Il y a des rues sombres, étroites et pas de plaisirs, On n'y voit pour ainsi dire aucun café. Les nouvelles s'apprennent chez les coiffeurs, qui ont un véritable *salon*, dans l'ancienne acception qui convient à ces industriels, toutefois, les curiosités archéologiques sont nombreuses. C'est, d'abord, l'ancien temple de Minerve, aujourd'hui une église, rival de celui d'Athènes, monument dorique qui a plus de 24 siècles d'existence. D'un côté, 9 colonnes, de l'autre, 12 sont placées dans la maçonnerie moderne. La célèbre fontaine d'Aréthuse jaillit au bord de la mer. C'est une source abondance. Le musée, espèce de grange, renferme des poteries, des sculptures,un beau buste de Méduse, un Vénus en marbre blanc, sans bras ni tête ; et, cependant, un chef-d'œuvre. Il faut voir les catacombes, qui n'ont jamais été bien explorées; Elles sont plus régulièrement taillées que celle de Rome et plus vastes, Sous l'étage supérieur, il s'en trouve une deuxième, puis une troisième plus profonde. Il y a des millions de cadavres dans cette nécropole qui donne une idée de l'antique Syracuse. Des fresques, des bas-reliefs, des monogrammes, des inscriptions grecques décorent les sépulcres. Près de là, un jardin féérique, rempli de lianes, d'orangers, de fleurs, de fruits : la *Latomi del Paradiso*. On y voit des rochers, taillés à pic par les esclaves athéniens. C'était, alors une prison où furent enfermés 7,000 captifs. On y montre l'*oreille de Denys*, c'est-à-dire une énorme fente dans le rocher, où le tyran venait entendre, dit-on, les plaintes de ses victimes,. A côté du jardin, immense autel, de 193 mètres de long, élevé par Hiéron II. Le théâtre antique, grec, est attenant. Il contenait 25.000 personnes. Plus loin, dans la campagne, le plateau d'*Epipoles*, où l'on trouve la forteresse grecque d'*Euryale*, fort bien conservée. Elle a deux hautes murailles séparées par un fossé de 8 mètres de profondeur et percées de chemins couverts où se cachaient des hommes d'armes. De cette forteresse, vue délicieuse : l'Etna lointain, le fier mont Hybla. Le lendemain, nous fûmes en batelet, sur le ruisseau de Cyane, où des massifs de papyrus égyptien s'élèvent à 4 ou 5 mètres de hauteur. A minuit, je pris le bateau à vapeur pour Malte. Il faisait grand vent. J'appréhendais l'état de la mer.

A MALTE (en **1881**). — A peine sorti du port, les flots agités se calmèrent. A 7 heures du matin, je montai sur le pont du bâtiment et j'eus le plaisir d'apercevoir, à l'horizon, la capitale de l'île de Malte — La Valette — où j'arrivai à 8 heures. Le port est vaste, très sûr, admirablement fermé, rempli de navires. La ville, en étage sur les rochers, dans un grand espace, offre un riche coup d'œil. Ses murailles gigantesques sont garnies de gros canons gardés par les Anglais. On sent que la Grande-Bretagne a ses enfants ici. Tout est en place, bien ordonné. A Malte, on parle généralement l'anglais. La température, à Malte, est l'une des plus agréables d'Europe, en hiver. C'étaient les derniers jours de janvier ; le thermomètre marquait 28 degrés de chaleur, à midi. La population de l'île est belle. Les femmes portent des capelines noires. Je visitai le musée. Les Anglais, avec la science archéologique qui les caractérise, y ont réuni une foule d'objets provenant de l'Ordre de Malte. Je me rendis à l'église Saint-Jean. Elle est pavée par 400 dalles funéraires en marbre de diverses couleurs et en mosaïque. Dans la chapelle de Saint-Sébastien, je remarquai le mot *Alvernia* (Auvergne), qui me rappela ma province, en France ; l'Ordre avait, en effet, la *langue* ou circonscription d'Auvergne. L'île de Malte ne présente pas un aspect agréable, n'étant formée que d'un grand rocher blanc. Le terrain n'a pas plus de 15 centimètres de profondeur ; malgré cela, on y fait des récoltes abondantes ; ce qui est attribué aux grandes rosées. Les oranges de Malte passent pour les plus exquises du monde. Je pus m'assurer, à Malte même, de cette vérité. La saison de ce fruit, dure plus de 7 mois, depuis novembre jusqu'au 15 juin.

EN TUNISIE (en 1881). — De Malte, je gagnai Tunis, non sans péril ; car une affreuse tempête nous empêcha, longtemps, de doubler le cap Bon. Enfin, nous entrâmes dans le golfe de Tunis, qui ressemble quelque peu à celui de Naples. Notre bateau jette l'ancre à plus de 500 mètres du port de La Goulette. Des barques viennent nous chercher. Les habitations, les costumes, les Arabes, tout annonce l'Orient. Je prends à La Goulette, le chemin de fer italien qui contourne le lac. Voici la capitale de la régence. Tunis forme un curieux et beau spectacle avec ses maisons blanches surmontées de terrasses, ses mosquées, ses murailles du Moyen-Age. La ville a 150 000 âmes dont une nombreuse colonie italienne. De loin, l'aspect est merveilleux, comme toutes les agglomérations de l'Orient ; mais, de près, l'illusion disparaît subitement. Ce n'est plus qu'une suite de ruelles sombres, étroites, malpropres. La plus grande curiosité de Tunis est le bazar. C'est le plus vaste qui existe. Il est composé d'une suite innombrable de petites rues couvertes par une voûte (percée d'ouvertures et soutenue par des colonnes) bordées par les boutiques des indigènes. Tous les objets sont fort cher dans ce bazar : les chachias, les bijoux, les étoffes. Il faut beaucoup marchander. L'Arabe qui aperçoit un étranger, à Tunis, le considère comme une proie. Aucune distraction dans la ville qui, le soir n'est pas éclairée. Il est donc fort dangereux de s'y aventurer. Suivant l'usage oriental, toutes les femmes sont masquées, à Tunis. La langue du pays est, naturellement, l'arabe ; mais on y entend fréquemment l'italien. Il y a à Tunis, un café arabe fort curieux, dans le centre de la ville : c'est le café des Marabouts, où l'on voit deux tombeaux arabes à coté desquels est le drapeau vert du Prophète. Le 5 février (1881), la mission archéologique, dont je faisais partie, fut présentée à S. A. le Bey (*Sidi-Mohammed-Sadok*, décédé depuis), au palais du Bardo, par M. Roustan, consul général francais. Le Bardo, situé hors de la ville, forme une espèce de village. Le Bey était assis au fond d'une salle de réception très vaste, dont le plafond est en style oriental pur, mélangé d'une suite de petites glaces. Le souverain de Tunis, ne parlant pas le français, avait un interprète qui lui répétait, rapidement, toute la conversation et qui se tenait debout devant lui. Nous étions assis sur de grands divans en satin jaune. A notre entrée comme à notre sortie. toute la garde du palais nous présenta les armes. Le lendemain, nous visitâmes Carthage où nous aperçûmes d'énormes massifs de maçonnerie, qui forment une longue suite dans la plaine ; ce sont les restes de l'aqueduc romain. Nous nous rendîmes aux citernes publiques de la grande ville, admirablement conservées. Nous montâmes sur la colline carthaginoise, à la maison d'éducation que les Missionnaires de Notre-Dame d'Afrique y possèdent. Cette maison, parfaitement tenue, est entourée d'une foule d'objets antiques recueillis par les Pères : inscriptions, statues, mosaïques, vases romains. C'est là que se trouve la petite chapelle élevée pour rappeler la mort de saint Louis. On prétend que Louis IX finit ses jours à Saint-Louis de Carthage, lors du siège de Tunis (1270) ; une tradition des Arabes dit qu'il est décédé à quelques kilomètres de là, à Sidi-Bou-Saïd.

En revenant de Carthage, nous rencontrâmes, en voiture, à la Marsa, Monseigneur de Lavigerie, archevêque d'Alger (depuis cardinal), prélat rempli d'érudition, qui plaît avec sa figure ouverte, sa belle barbe noire, son ton de voix sympathique et son air respectable. Il était accompagné par le R. Père Delattre, archéologue éminent, notre savant ami, l'un des religieux d'Europe qui connaît le mieux l'antiquité romaine et qui a publié d'admirables écrits. Enfin le 7 février, nous prenons le chemin d'Utique, but de notre mission, à 35 kilomètres de Tunis, dans la direction de Bizerte. Notre calèche, attelée de 3 chevaux, renfermait le comte d'Hérisson, directeur, le baron de Billing, premier secrétaire d'ambassade, ancien consul général de Tunis, M. Joseph Valensi (frère du député de Tunis) et, enfin, votre serviteur. Nous emmenions une centaine d'ouvriers siciliens, robustes et intelligents, auxquels nous donnions 3 fr. par jour. Nous sommes, bientôt, en pleine campagne, dans un pays sauvage. Devant nous, des plaines, de 20 à 25 kilomètres. Au fond, de hautes montagnes par ci, par là, des champs d'orge ; des pacages où se nourrissent des milliers de moutons. Sur le penchant des collines, on aperçoit de misérables huttes qui forment des douars ou villages arabes ; au-devant, des Arabes assis. Ils regardent d'une manière étonnée. A travers ces plaines, pas de chemins. Notre calèche roule péniblement ou s'enfonce dans de profondes ornières. A droite, à gauche, quelques vieux oliviers aux troncs noueux ; partout, des haies de figuiers de Barbarie aux feuilles piquantes, la seule clôture du pays Nous traversons le pont de la Medjerdah, le principal pont de la Tunisie. Quant à la Medjerdah, c'est une rivière peu large. A l'époque des pluies, elle grossit rapidement et inonde la campagne à 3 et 4 kilomètres. Peu de jours après ce spectacle nous fut donné. L'eau couvrait la plaine. Les Arabes, chassés par l'inondation, poussaient leurs troupeaux dans la montagne. Après quatre heures de marche, nous arrivons à Utique qui est située sur une colline et s'aperçoit de loin. On y voit deux marabouts (tombeaux arabes) et des débris antiques de côtés et d'autres ; mais, rien au premier abord, qui indique une excellente entreprise archéologique. A Utique, il y a une villa arabe, propriété du général tunisien Hamida-Ben-Ayad. Le fils du général avait bien voulu nous accompagner et nous installer lui-même dans sa villa. Le général Ben-Ayad est le plus riche propriétaire de la Tunisie. Toute la terre d'Utique, qui lui appartient, ne comprend pas moins de 25 à 30 kilomètres de long et autant de large avec 6.000 colons(1). Je ne puis passer sous silence que le général nous a donné, gratuitement, la plus généreuse hospitalité, mettant à notre disposition, d'abord, l'ancien cuisinier du frère du Bey — un arabe robuste, un noir à grosses lèvres, un vrai type d'Afrique — puis, une douzaine de domestiques. Il nous faisait parvenir, de Tunis, des voitures chargées de vivres. Chaque matin, nous avions 10 plats arabes, parmi lesquels le *couscoussou*. L'ancienne *Utica* a été fondée par les Phéniciens 1200 ans avant l'ère chrétienne. Après la destruction de Carthage (145 ans av. J.-C) elle devint la première cité d'Afrique. Caton s'y donna la mort à la prise de la ville par César (46 ans avant Jésus-Christ). Sous Auguste et les empereurs romains des trois premiers siècles, le sol d'Utique était couvert de temples, de monuments divers, de palais et de villas. L'an 680 (*alias* 693) les arabes, qui avaient envahi l'Afrique, détruisirent de fond en comble, la rivale de Carthage. Depuis cette époque, l'herbe et les ronces ont remplacé les palais et les temples romains ; mais de grandes et majestueuses ruines subsistent encore à Utique : un palais amiral, deux ports, un magnifique amphitéâtre (creusé dans la montagne), un hippodrome, des temples (dont un à Jupiter), une nécropole très étendue, un aqueduc (qui allait cher-

(1) La vaste terre du général Ben-Ayad a été vendue, depuis, au décès de ce haut fonctionnaire tunisien.

cher de l'eau à 12 kilomètres et dont on voit encore d'importants débris), de vastes citernes publiques (conservées et qui servent de caves), dans lesquelles se déversaient les eaux de l'aqueduc, un nombre considérable de citernes particulières, situées au-dessous de chaque habitation. Du temps des romains, la mer baignait la ville d'Utique. Aujourd'hui, elle en est éloignée de 12 kilomètres. Certains savants disent que ce phénomène est dû à un soulèvement du sol, résultat de tremblements de terre, d'autres affirment — ce qui est plus probable — que la Medjerdah, a ensablé toute la contrée. Nous commençâmes nos fouilles, le 8 février, dans une vaste nécropole romaine, où nous avons trouvé des milliers de vases en terre aux formes variées. Nous recueillîmes une quantité de belles lampes (*lucernæ*) en terre avec des sujets les plus intéressants. C'est encore, dans la nécropole, que nous sortîmes de terre toute une série d'objets précieux : des statuettes en terre cuite, des colliers, des monnaies, des phallus, des inscriptions, parmi lesquelles il y en avait une remarquable qui indiquait les limites de cette nécropole ; de petites clochettes de bronze fort curieuses. Nous découvrîmes des marques de briques romaines ; de petites urnes sépulcrales en pierre, taillées en forme de tombeaux et scellées en plomb. Elles ne renfermaient que des cendres avec quelques ossements ; des stèles votives puniques fort curieuses, où l'on trouve, comme dans les ex-voto du temple de Tanit, trouvés à Carthage, le symbole le plus fréquent : Dieu avec la main ouverte qui bénit. Sur l'une de ces stèles, on voit deux disques de Vénus ; sur une autre, le croissant de Tanit. Dans la nécropole d'Utique, il y avait un cimetière chrétien (remontant au IVᵉ siècle, probablement), où les inscriptions n'étaient pas rares.

La découverte la plus belle était celle d'une tombe chrétienne de ce même cimetière, ayant environ 2 mètres de longueur et entièrement en mosaïque de couleur. Cette tombe était en fort mauvais état ; mais je pus en relever le dessin complet. Elle portait l'inscription *Candida fidilis in pace*, qui a donné lieu à des discussions entre savants. Toutes les inscriptions chrétiennes d'Utique offrent, en général, selon l'usage, le monogramme du Christ et la formule *Fidelis in pace*, du temps de l'empereur Constantin et postérieurement. Ajoutons qu'il y avait, à Utique, aux premiers siècles de l'ère chrétienne, un évêché. Sur le sommet de la ville, était l'Acropole. Au-dessous, les palais semblent avoir été nombreux. Dans cette direction, sur une légère éminence, on trouva un temple dédié à Hercule, avec de magnifiques mosaïques. C'est dans ce temple que fut découverte une belle statue d'Hercule enfant, en marbre blanc. Conformément

au plan des constructions romaines, toutes les habitations d'Utique étaient divisées en deux parties : un *atrium* et un *peristy-
lum*, c'est-à-dire deux cours intérieures entourées de colonnades
et ornées de fontaines. Dans ces maisons, on trouve des débris
de peintures murales, décorées en vert, en bleu ciel, en rouge
vermillon, en noir, en violet, en jaune, etc. Plus loin, dans la
partie de la ville, appelée l'île, parce qu'elle était entourée par
la mer, on mit à nu une statue de Bacchus et des mosaïques fort
curieuses. L'une d'elles représentait *la mort d'Adonis* ; une
autre *Vénus conduite dans une barque par les Amours*. Dans
cette île, on rencontra les débris d'une statue gigantesque ; des
frises de marbre blanc, de la plus grande magnificence ; des
inscriptions en l'honneur d'Octavianus, de Sylla, de Gordien.
Un monticule, qui ressemblait à un tumulus et couvert de brous-
sailles, fut l'objet de recherches actives. La pioche d'une cinquantaine d'ouvriers y découvrit des thermes ornés de mosaïques et dont les murailles conservaient leur hauteur primitive.
Une salle offrait encore ses peintures murales, d'une fraîcheur
extrême. Ces peintures précieuses présentaient tout-à-fait l'aspect de celles de Pompéï. Je m'empressai de les dessiner ; car il
était impossible de les enlever tant elles étaient fragiles. Près
de là, se trouve une source thermale, utilisée par les Romains.
Il y existait un établissement de bains. Il en reste une salle voû-
tée Le sol d'Utique est encore jonché de ruines sur tous les
points, dans un espace de plusieurs kilomètres. On les aperçoit
rarement à fleur de terre ; mais c'est à peine si elles sont cachées
par quelques centimètres d'humus. Les fouilles ont été faites à
des profondeurs diverses. Dans la nécropole, on a été jusqu'à
3 mètres 50 ; en général, à 2 m. 50. Sur l'emplacement des habitations, les ouvriers n'ont pas creusé au-delà de 2 mètres,
parce qu'ils rencontraient les pavages en mosaïque à cette profondeur. Les ruines d'Utique avaient été déjà fouillées par un
Italien, le comte Camille de Borgia, il y a une trentaine d'années
et un Anglais, M. Davis, en 1860. Ce dernier avait été chargé
de fouiller Utique par le gouvernement britannique. Les mosaïques et les divers objets qu'il a trouvés enrichissent, de nos
jours, le British Museum, à Londres. N'oublions pas de rendre
hommage à la mémoire de M. Daux (mort en 1882) ingénieur et
savant archéologue, qui avait été chargé par Napoléon III de le-
ver le plan de l'ancienne Utique et qui a publié, à ce sujet, un
ouvrage remarquable : *Les Emporia phéniciens*. A notre départ,
le 31 mars (1881), en faisant l'inventaire de nos richesses, nous
avons garni une centaine de grandes caisses. Tous les objets
d'Utique ont fait, à Paris l'objet d'une exposition publique, au

palais du Louvre dont la presse a beaucoup parlé. Terminons en rappelant que la mission d'Utique était officielle mais gratuite. Le capital en avait été fait par les généreux souscripteurs dont les noms suivent, nos princes de la finance, à Paris : MM. Edouard André, le comte Louis Cahen d'Anvers, le comte Raphaël Cahen d'Anvers, le comte Abraham de Camondo, le comte Nissim de Camondo, C. Gery, Alexandre de Girardin, le comte Ed. de Lambertye, le baron Alphonse de Rothschild, le baron Seillère, Sir Richard Vallace. Ces messieurs ont fait don des fouilles d'Utique au musée du Louvre.

Pour rentrer en France, en quittant Tunis, je décidai de revenir par la côte occidentale de la Sicile, parce que j'avais visité les villes placées à l'orient. Le bateau à vapeur passa en vue de Marsala (34,000 habitants), où l'on récolte ce vin célèbre. Il s'arrêta, toute une nuit, à Trapani (38,000 habitants), à cause des écueils. A 7 heures du matin, nous repartîmes pour Palerme, où nous arrivâmes dans l'après-midi. Palerme (200,000 habitants), capitale de la Sicile, est dans une situation ravissante au fond d'un golfe. Derrière la ville, s'étend une plaine fort riche, plantée de citronniers et d'orangers, à laquelle sa fertilité a fait donner le nom poétique de *Conca d'Oro* (Corne d'or). Palerme est divisée en forme de croix, par le Corso Vittorio Emmanuele et la via Macqueda. Le long de la mer belle promenade de *la Marina*, rendez-vous de la société élégante. La cathédrale, majestueux monument, commencé en 1170, renferme de beaux sarcophages, notamment celui de Sainte-Rosalie, patronne de la cité, objet d'un grand culte. Ce sarcophage d'argent pèse 650 kilogrammes. J'ai visité le musée national, qui est fort intéressant par ses antiquités grecques et romaines. Citons un faune, découvert à Torre del Greco, près de Naples, de beaux pavés en mosaïque ; les célèbres métopes, de Selimonte, qui comptent au nombre des sculptures grecques les plus antiques qui nous soient parvenues, etc. Je repris le bateau à vapeur qui me conduisit, en une nuit seulement, à Naples. Je passai près de l'île de Capri, si pittoresque. Je séjournai à Naples. De là, je me rendis à Rome. Enfin, je gagnai la *Corniche*, Nice, Marseille et l'Auvergne.

A VENISE (en 1883). — Par un beau jour de février 1883, après avoir séjourné à Cannes, à Nice, à Gênes, je résolu de continuer mon excursion. Traversant donc Milan, j'ai continué jusqu'à l'antique capitale des doges. Or, il était cinq heures et demie du matin ; Tout à coup, je traversai la lagune sur un pont de 4,600 mètres, porté par 222 arches. Le ciel était constellé d'étoiles ; la lune régnait en souveraine. Je descends de wagon. J'aperçois la ville dans l'obscurité. Toutes les maisons sont entourées d'eau. La cloche le l'*Angelus* sonne. C'est d'une mélancolie indéfinissable. Je prends une gondole. Je traverse d'étroits canaux, sous des ponts multipliés. Plus de bruit, si ce n'est celui de la rame. Je passe aux pieds de nombreux palais gothiques ; la lune éclaire toujours ; par-ci, par là, des lanternes allumées aux gondoles. Me voici à l'*albergo* (l'hôtel). Je fais prix. Il faut croire que la vie n'est pas chère à Venise ; car, à l'hôtel de la Lune (*Albergo di la Luna*), une belle et bonne chambre ne coûte guère plus de deux francs cinquante par jour, et c'est l'un des grands hôtels de ville, près de la place Saint-Marc (1).

La population de Venise est de 135,700 habitants. Vous savez que c'est une ville unique au monde en son genre. Elle s'élève au milieu des lagunes sur cent vingt-deux îles, réunies entre elles par trois cent soixante-sept ponts. Le Grand-Canal sépare la ville en deux parties, reliées par le magnifique pont du Rialto, construit en 1588. Ce pont est chargé d'un grand escalier sur lequel on a élevé, à droite et à gauche, de petits magasins. Du sommet, on aperçoit le Grand-Canal et des centaine de gondoles. Un va-et-vient incroyable anime ce vieux pont qui, le soir, présente un spectacle vraiment magique. Le jour même de mon arrivée à Venise, dès neuf heures du matin, je cours sur la place Saint-Marc. Figurez-vous, au fond, l'incomparable basilique Saint-Marc ; à droite, le palais des doges, le *Campanile*, c'est-à-dire le beffroi, grande tour carrée, isolée sur la place, élevée de 98 mètres ; à gauche la *Tour de l'horloge*, construite en 1497, surmontée de deux jaquemarts. Sur la façade de l'horloge, une Vierge dorée assise, et, d'un côté, les heures, de l'autre, les minutes, qui sont éclairées la nuit ; mais, par un système ingénieux, on aperçoit seulement le chiffre des heures et celui des minutes du moment. Au dessous, un énorme cadran avec les signes du zodiaque. Chaque côté de cette curieuse place Saint-Marc, dont Napoléon Ier disait que c'était *la plus belle salle du monde*, se trouvent de magnifiques bâtiments ornés d'arcades dans le bas. Sous ces arcades, sont placés des cafés, des magasins de bijoutiers et d'objets d'art. Cette place ressemble beaucoup à celle du Palais-Royal, à Paris ; mais elle est plus riche.

1) En logeant à l'hôtel, à Venise, on a l'avange d'avoir des concierges qui parlent, généralement, le français ; de plus, un cicerone intelligent. Mais si on séjourne dans cette ville, il faut prendre *una camera ammobigliata* (chambre meublée). A 30 francs par mois, on a tout ce qu'il y a de plus luxueux ; seulement, les maisons n'ont pas de concierges, de sorte qu'il vous est remis une clef pour la porte d'entrée.

Elle a 175 mètres de long sur 56 mètres de large. Du côté de la mer, au devant du palais ducal, est la *Piazetta*, sur laquelle se trouvent deux colonnes apportées, en 1130, des îles de l'Archipel. L'une d'elles est surmontée de la statue de saint-Georges, et l'autre d'un lion ailé. Toute la journée, mais surtout à partir de quatre heures du soir, la place Saint-Marc est le rendez-vous de la société venitienne. Certains jours de la semaine, on y entend la musique militaire, cette excellente musique italienne, célèbre à bon droit. Des milliers de pigeons s'y abattent ; ce sont les pigeons de la ville ; chacun les respecte ; on leur jette du pain ; ils mangent dans votre main. Le célèbre carnaval de Venise fleurit encore. J'étais arrivé la veille des fêtes. Il faut voir Venise le jour du Mardi-Gras. Pendant le jour, aucune musique, aucun travestissement ; la police s'y oppose ; mais, dès huit heures du soir, les rues sont sillonnées de gens masqués, costumés, celui-ci en page, celui-là en pierrot, en arlequin, en chevalier vénition, en Andalous : celle-ci en Chinoise, en Arabe. Partout des plaisanteries. Le Vénitien a de l'esprit, de l'originalité. Bientôt, la place Saint-Marc est couverte de 40.000 spectateurs. On allume des gerbes de gaz à des candélabres spéciaux placés, dès la veille, sur la place qui est couverte d'oriflammes. Au milieu de cette dernière, s'élève une plate-forme construite en planches pour la circonstance. C'est là, qu'au milieu d'une excellente musique, deux mille masques dansent, sautent à qui mieux mieux. L'entrée de la plate-forme coûte cinquante centimes. Tout autour, sous les arcades de la place Saint-Marc, une foule compacte, masquée, circule gaiement. Les dames plaisantent les *signori* (messieurs), leur offrent des cigares; des fruits. Des groupes de musiciens parcourent la place, jouent l'air célèbre du *Carnaval de Venise* ; cet air dont Paganini tirait un parti surprenant sur son violon diabolique. Minuit arrive. Le bourdon du Campanile tinte à sons précipités. La foule se retire en chantant : « Dan ! dan ! dan ! le carnaval s'en va. J'avais oublié de dire que, pendant la journée du Mardi-Gras, une cavalcade assez originale a lieu au Jardin des plantes. On y voit le roi du carnaval, *Pantalone*, et toute sa suite de pages et de serviteurs. Pantalone harangue la foule et lui vante les joies du carvaval, le roi, la reine, sans oublier Garibaldi. On ne ferait jamais assez l'éloge du peuple vénitien. Les avocats se plaignent du manque d'affaires De mémoire d'homme, on n'a trouvé, dans les canaux de la ville, un cadavre jeté par la main d'un criminel.

A Venise, la belle société parle français. Les artistes, les hommes de lettres, les savants sont recherchés, fêtés. Il y a beaucoup de peintres dans cette ville. La plupart peignent l'aquarelle qui est leur triomphe. J'avais pour amis divers peintres très connus. Vous allez m'objecter, sans doute, qu'une ville sillonnée par des canaux qui remplacent les rues, est bien désagréable à habiter. Je vous ai dit qu'il y a trois cent soixante-sept ponts à Venise. Rien donc de plus facile que de parcourir la ville à travers deux mille petites rues *(calle)* ; mais, s'il n'y a pas besoin de gondoles, il est indipensable d'avoir, les premiers temps, un *cicerone*, sans quoi il serait impossible de se retrouver dans ce labyrinthe de petites rues remplies d'arcades, de passages, de culs-de-sacs, etc. Sur le Grand-Canal, des bateaux à vapeur fendent l'eau toutes les dix minutes, et coûtent seulement dix centimes dans une longueur de quatre à cinq kilomètres ; c'est pour rien. Il y a plus de cent églises à Venise, toutes remplies des travaux des plus grands maîtres, sur lesquels nous reviendrons. On trouve, aux alentours de la ville, trente-deux îles éparses. Venise est bon aux *anémiques*. A ces derniers, le calme de la ville convient à merveille ; car on n'entend aucun bruit de voiture à Venise ; un cheval y est même une curiosité. Quant aux deux mille rues de Venise, la plupart n'ont guère plus de 2 ou 3 mètres de large ; presque toutes sont bordées de jolis petits magasins. A chaque instant, quand vous les parcourez, vous découvrez, ici, une madone, devant laquelle brûle une lampe ; là, d'antiques blasons artistement fouillés, des inscriptions. Toutes les cours des habitations ont, généralement, un puits *(pozzo)*, ayant la forme d'un chapiteau antique, chargé d'inscriptions, de feuillages, de blasons fort curieux. Chaque matin, ces puits qui ont une grille fermée à clef, sont ouverts. Des femmes du peuple, chargées de deux petits seaux de cuivre, accrochés aux deux bouts d'un bâton placé sur l'épaule, et coiffées d'un petit chapeau d'homme, puisent à qui mieux mieux. Autre usage : quand un facteur de la poste frappe à la porte et crie le nom du destinataire d'une lettre, aussitôt, un petit panier descend de l'étage indiqué, au moyen d'une corde, et prend la correspondance qui lui est destiné. Venise a trois principaux théâtres : ceux de *La Fenice*, de *Goldoni* et de *Malibran*. Celui de la Fenice passe pour le troisième de l'Italie pour la beauté de la salle, qui est partout ornée de peintures très fines. Vous n'ignorez pas que la lagune entoure la ville de Venise. Quand la mer est basse, on aperçoit par-ci, par-là, des îlots de boue ; et, alors, il ne faut pas s'aventurer en barque indifféremment. Des piliers de bois *(pali)* servent à indiquer les endroits les plus profonds, où l'eau permet de circuler facilement ; car, sans cette précaution, on est obligé de tirer sa gondole à force de bras et avec les rames pour ne pas être à sec. Pour aller sur la lagune, on prend une gondole ou une petite barque dite *sandolo*. La gondole est étroite, longue ; au milieu, se trouve une vraie capote de voiture sous laquelle vous prenez place. Les gondoliers se tiennent debout, sur les pointes de la gondole avec leurs rames. Leur habileté est merveilleuse. Vous avez entendu parler du Lido, C'est une île voisine de Venise, où se rend l'été toute la haute société. Il y a un important établissement pour les bains de mer. On aperçoit, à l'horizon, des centaines de bateaux pour la pêche ; ils ont des voiles jaunes, rouges, bleues, ce qui est une spécialité de Venise. Sur ces voiles, sont peints des saints, d'antiques emblèmes. Les *sérénades* de Venise méritent quelques lignes. Il y a, tous les soirs, pendant la belle saison, des sociétés d'artistes qui, en gondole, violons et guitares en main, voire un petit harmonium, passent près du célèbre pont des *Soupirs* et se rendent en chantant à celui du *Rialto*. Leur gondole est entourée de lanternes vénitiennes ; leurs chansons mélodieuses vous saisissent. Ces promenades sur l'eau sont tout ce qu'il a de plus artistique. La vénitienne a des yeux d'une douceur qui vous captive, des traits d'une régularité parfaite, des cheveux superbes, un sourire gracieux. Je dois dire quelques mots du *Campo-Santo* ou cimetière. Il est situé dans une île, près du Lido et d'une extrême simplicité. Quand on veut y transporter un défunt, le cercueil est placé sur une gondole ; les familles riches le font accompagner par des musiciens qui exécutent des marches funèbres. L'industrie de Venise consiste, surtout, dans l'art de la verrerie. Il y a diverses fabriques dans la ville, et, dans l'île de Murano un grand établissement dirigé par l'État. On doit citer, aussi les mosaïques, l'une des spécialités de Venise ; les dentelles polychromes qui sont réellement d'un bon marché exceptionnel ; des bijoux fabriqués par tous les orfèvres et vendus sous les arcades de la place de Saint-Marc.

Abordons, maintenant, la description rapide des principaux monuments et, d'abord : *La basilique de Saint-Marc*, commencée en 977, achevée en 1071. On y compte plus de 500 colonnes, des marbres les plus précieux. Les voûtes sont toutes revêtues de mosaïques. Sous le maître-autel, le corps de saint Marc, et, au-dessus, ce précieux tableau (*pala d'oro*), en lames d'or, exécuté à Constantinople, en 976, par ordre du doge Orseolo, couvert de pierres précieuses, de perles, etc. C'est un rectangle de 3^{m}48 de largeur, sur 1^{m}40 de hauteur. Il est ouvert et exposé à la vue de tous, les jours de grandes fêtes. En temps ordinaire, il faut payer 6 francs pour le voir. A l'extérieur, n'oublions pas

de remarquer les quatre chevaux de bronze, considérés comme
une œuvre romaine de l'époque de Néron. Ils avaient été transportés à Paris, par Napoléon I*", en 1797 ; mais ils ont été rap-
portés à Venise, en 1815. Le *Palais Ducal* ou palais des doges,
est situé à droite de la basilique de Saint-Marc. On dirait un
splendide palais arabe. Rien n'est plus saisissant que l'aspect de
ce palais, ces hautes murailles de forteresse, ces rares fenêtres.
L'une des façades a 75ᵐ, l'autre 70ᵐ 15. Les chapiteaux des
colonnes de l'étage inférieur sont sculptés avec un art infini.
Ce palais est relié au célèbre pont des Soupirs. Entrons par la
porte *della Carta*, pénétrons dans la *Corte di Palazzo* (cour du
palais), où l'on admire deux puits de bronze. Montons par l'*Escalier des Géants*, puis par la *Scala d'Oro*, qui mène aux grands
appartements. Visitons les chambres des *Avogadors* (avocats),
gardiens du *Livre d'or* de la noblesse vénitienne ; la Bibliothèque fondée, en 1392, riche de 140,000 volumes, 8,600 manuscrits, la *salle du Grand Conseil*, une des plus belles et des plus
vastes de l'Europe. Elle a 154 pieds de long. 75 de large et 45
de hauteur. L'une de ses extrémités est décorée par la *Gloire du
Paradis*, du Tintoret, où le peintre a entassé plus de 10,000
personnages. La corniche de la salle est composée des portraits
des doges encastrés dans la boiserie. A la place du cinquantième,
on ne voit qu'un cadre avec cette inscription sur fond noir :
« Ici, est la place de Marino Faliero, décapité pour ses crimes. »
Entrons dans la *salle du Scrutin* et la *Chambre des Écarlates*, la
*salle du Bouclier (Sala dello Scudo), les appartements privés du
doge* ; la *salle des Chefs (sala dei Capi,* la *salle du Conseil des
Dix*. Tous ces pièces ont de remarquables cheminées, et des
peintures de grands maîtres, etc. A côté d'une des principales
portes d'entrée, on montre la *gueule de lion* qui servait d'ouverture à une boîte à lettres dans laquelle les Vénitiens pouvaient
porter les dénonciations. Visitons encore la *salle des Quatre
Portes*, la *salle du Sénat*, l'*Antichiesetta* où le doge avec le conseil
assistait, chaque jour, à la messe ; la *salle del Collegio* ou de
réunion, où le doge se tenait avec ses conseillers, donnait audience aux ambassadeurs, etc. Voyez le siège du doge avec ses
coussins affaissés comme s'il venait à peine de les quitter ; de
chaque côté, les stalles des sénateurs. Il ne reste plus avant de
quitter le Palais Ducal, que de passer sous les toits et visiter les ·
Plombs (*Piombi*). C'est ainsi qu'on nomme quelques petites
chambres en planches, mansardées, pratiquées dans les greniers
et dans lesquelles on enfermait les plus grands criminels. Pour
vingt centimes, on a droit d'entrer, dans les Puits (*Pozzi*) accompagné par un gardien. J'ai vu ces terribles puits. Ce sont des

prisons basses, divisées en deux étages, situées au rez-de-chaussée, entre les salles du vivier et l'accès aux quais de débarquement du palais. Du palais Ducal allons à l'*Arsenal*. Son entrée est l'un des plus beaux monuments lombardesques du xvᵉ siècle. On conserve, dans la salle d'armes, des objets curieux (armes armures, etc.) Prenons le bâteau à vapeur pour 10 centimes. Rendons-nous à l'*Académie des Beaux-Arts*, où l'on conserve 679 peintures sur bois ou sur toiles, qui font l'envie de toute l'Europe. Là, les œuvres de l'immortel Titien coudoient celles des trois autres grands peintres vénitiens : le Giorgione (1478-1511), Tintoret (1512-1594), Véronèse (1530-1588). Ici, on ne se lasse de contempler les chefs-d'œuvre des Bellini (1421-1516), de Carpaccio (1450-1522), de Palma le Vieux (1480-1548), de Bonifazio (mort vers 1570) de Paris Bordone (1500-1580). Après l'Académie nous allons passer au *Musée Correr*, appelé aussi *Fondaco dei Turchi*. C'est un des joyaux du Grand-Canal. Il a été restauré et la façade en fut terminée en 1869. Ce monument est de style byzanto-italien, du xiᵉ siècle. C'est le musée archéologique et historique de la ville de Venise. M. le commandeur Barozzi et M. l'abbé Nicoletti ont été fort aimables pour moi, comme directeurs de ces musées. Voyons l'église de *Santa-Maria dei Frari*, construite en 1250. Elle est l'une des plus intéressantes de Venise ; près de cette église, les *Archives générales* où sont classés les parchemins et papiers de la République. Les actes les plus anciens sont de 883. Le nombre des volumes s'élève à 140,000 qui occupent 300 pièces. Non loin de là, est *l'école de St-Roch*, édifice achevé en 1549 ; l'église de Ste-Marie *della Salute* (1630) ; l'église de St-Georges-Majeur, dans l'île de ce nom (1565-1610) ; l'église St-Jean et St-Paul, avec façade de 1240 à 1251 ; cette église est le St-Denis de Venise ; l'église des Jésuites ; l'église de la *Madona dell'Orto* (1473) ; l'église de *Santa-Maria-Formoza* (1492) ; l'église de *San-Sebastiano* (1506-1548) ; l'église de *San-Francisco della Vigna* (1568-1572). Il faut aussi visiter quelques maisons historiques, savoir : La maison de Pétrarque. Elle fut donnée, en 1362, par la République à Pétrarque, qui lui avait légué une partie de sa bibliothèque. Parcourons une foule de ruelles pittoresques, nous arrivons au pont du Paradis (*ponte del Paradiso*). Au-dessus, se dresse un portique aigu où la Vierge Marie, costumée en reine du moyen-âge, abrite sous son manteau un moine à genoux.

Un beau matin d'avril, je partis de la Piazzetta avec ma gondole et les deux gondoliers que j'avais pris à gage, au mois, et qui me coûtaient peu (30 francs par mois, non nourris). Je louai un *sandolo* (30 centimes l'heure). Bientôt, j'arrivais à l'île San Lazzaro, au couvent des Arméniens. Ces pères, sous la direction d'un évêque, *in partibus*, abbé général, s'adonnent à l'éducation de jeunes Arméniens. La bibliothèque possède 1,500 manuscrits arméniens. Citons : l'*Evangile* ayant appartenu à une reine d'Arménie, il a environ mille ans de date ; l'*Histoire fabuleuse d'Alexandre le Grand*, avec peintures (XIIIᵉ siècle) les *Quatre Evangiles*, in folio (précieux par ses miniatures) du VIIᵉ siècle, etc. ; une belle *Bible* arménienne, in-quarto (écrite et peinte, du XIᵉ au XIIᵉ siècle), pour l'usage du roi d'Arménie. Au rez-de-chaussée, une imprimerie destinée à la publication de livres arméniens. Nous avons remarqué un curieux volume sorti des presses des Pères. Il contient une prière transcrite en vingt-quatre langues. Lord Byron a travaillé dans sa jeunesse au couvent des Arméniens. Je me rendis ensuite à l'île de Murano, où l'on trouve une célèbre fabrique d'Etat pour le verre. De Murano, je poussai jusqu'à Burano, dans une autre île, où vit une intéressante population de pêcheurs. J'eus la curiosité d'aller voir l'île de Torcello, une des plus intéressantes de l'archipel vénitien. J'avais avec moi un guide peu expérimenté. Nous nous perdimes dans la lagune ! La nuit arriva. Sans m'effrayer de cette mésaventure, je remarquai qu'il y avait des pieux enfoncés dans l'eau émergeant d'un mètre au-dessus. Ces pieux, appelé *pali*, servent de conducteurs ; car les trois quarts des passages de la lagune manquent d'eau. Nous revinmes tout de même à Murano où l'on nous prit d'abord pour des contrebandier. A dix heures, enfin, nous rentrions à Venise.

Il fallait repartir. Il était minuit. Je repassai en gondole sous mes vieux ponts, sur lesquels j'étais monté et descendu tant de fois. Quand tous dormaient, je quittais ma chère Venise où j'avais passé trois mois et je repartis pour la France.

EN AUTRICHE (en 1884). — Pour aller sur les bords du Danube, il faut : 1º Etudier son voyage ; 2º parler quelques phrases d'allemand ; 3º avoir un passeport ; 4º emporter passablement d'argent; 5º le moins de bagages possible.

Grand et beau voyage que celui de Clermont à Vienne. Je quitte l'Auvergne au moi de juin 1884.

Arrivé sur les bords du lac Léman, je ne pouvais assez admirer les eaux tranquilles et poétiques de cette vaste nappe d'eau, la majesté des montagnes aux cimes orgueilleuses. Je prends la voie ferrée et je dois faire l'éloge des wagons suisses, bien supérieurs à nos wagons français, dans toutes les classes. Par un beau soleil, je traverse Berne, entouré de frais ombrages ;

Zurich, belle ville animée, qui marque la limite du pays où la langue française est en honneur. À partir de Zurich, je n'entends plus que la langue allemande. J'arrive, à la tombée de la nuit, sur les bords du lac de Constance, qui ressemble à la mer calme tant il est grand. Un bateau à vapeur me transporte d'une rive à l'autre en une heure. Je fais la connaissance d'un haut personnage, d'un député de la Bavière, qui se rend à Munich et me comble de politesses. De l'autre côté du lac de Constance, c'est la Bavière. Il faut sa monnaie, si l'on veut faire face à ses dépenses. De Constance à Munich, le pays est triste. Enfin, voici Munich, grande cité, centre des arts (dont je parlerai plus loin). Le député bavarois que j'avais eu la bonne étoile de rencontrer, me pilote ; Grâce à lui, en deux heures, je visite toute la ville. C'était le jour de la Fête-Dieu. La procession s'avançait pendant que les airs retentissaient des sons graves de nombreuses cloches. Toutes les croisées étaient tendues de tapis rouges, jaunes ou bleus (comme cela se fait aussi en Italie). De Munich à Linz, le paysage est agreste, contrée déshéritée des richesses de la nature, peu intéressante. Mais nous voici à Simbach, à la frontière d'Autriche. La formalité des passeports n'étant pas supprimée, j'engage la conversation suivante avec un employé : — Avez-vous un passeport ? — Le voici. Voici, de plus, une lettre de l'ambassadeur d'Autriche qui vous prouve que je suis chevalier de l'ordre de S. M. François Joseph. Sur ce l'employé me fait un grand salut, et tout est dit. A minuit, j'arrive à Linz, chef-lieu de la haute Autriche. A 7 heures du matin, je prends place sur l'un de ces magnifiques bateaux à vapeur qui font le trajet de Vienne. Quel paysage enchanteur ! Ici, le Danube roule ses eaux avec fracas. Là, il passe tantôt tranquille, tantôt capricieux, caressant de ses flots de coquettes petites villes. Sur les rives, des châteaux féodaux apparaissent, à droite et à gauche, perchés sur les flancs ou les sommets de collines pittoresques. Sur ces châteaux, on raconte des légendes effrayantes où le diable et de méchants barons jouent des rôles terribles. Mais voici la merveilleuse abbaye de bénédictins de Melk, un vrai palais, bâti sur les bords du Danube. Mes yeux cherchaient, dans le lointain la capitale de l'Autriche. Enfin, la voilà. En entrant dans cette belle cité, je suis ravi de sa splendeur, du grand nombre et de la beauté de ses monuments. L'animation des rues est identique à celle de Paris. Que de grands cafés, que de restaurants, mon Dieu ! Je me rends à la cathédrale de Saint-Etienne. C'est un vaisseau gothique, un vrai fouillis de sculptures. Le clocher n'a pas moins de 135 mètres de hauteur. Je gravis un escalier circulaire de 550 marches et, arrivé aux fenêtres supérieures, j'aperçois Vienne tout entier ; les champs de bataille de Lobau. de Wagram et d'Essling, qui me rappellent les victoires françaises ; et enfin, je vois serpenter le « beau Danube bleu », à une heure de la ville. Je vais au Graben, qui est une petite place à l'intérieur de la cité, où se trouvent les plus riches magasins. A l'angle du Graben, on remarque un tronc d'arbre étrange. C'est le fameux *slock ein eisen*. Il a près de 2 mètres de haut. Il est entouré d'un cercle de fer, muni d'un cadenas que personne n'a jamais pu ouvrir. Les clous qui le garnissent sont si serrés qu'ils le recouvrent d'un véritable mur de fer. Cet arbre, dont l'histoire de Vienne parle depuis plusieurs siècles, a une légende sur un maître serrurier qui aurait fait pacte avec Satan, et auquel tout, dès ce jour, aurait réussi ; mais qui, hélas, perdit son âme !... Je ne manque pas d'aller visiter l'église des Capucins, le Saint-Denis de la maison d'Autriche. J'ai entendu, dans l'église votive (bâtie de 1856 à 1879), chefs-d'œuvre d'architecture gothique, une messe en musique avec grand orchestre ; j'en ai endendu une autre dans l'église des Augustins qui renferme les urnes (d'argent) contenant les cœurs des empereurs et impératrices d'Autriche. Vienne n'a pas moins de 1,088,703 habitants (recensement de 1881) et comprend 89 places 1,599 rues, environ 22,000 maisons. C'est la ville d'Europe qui ressemble le plus à Paris. Le centre de la cité est entouré par le Ring (boulevard) qui forme un véritable cercle. On ne peut se faire une idée de ce ring célèbre, surtout le soir de 3 à 5 heures et, spécialement le dimanche. Tous, ici, vont au café, hommes, femmes, enfants. On mange, de plus, à Vienne tellement et tout le jour, tant de victuailles qu'on a peine à y croire. Il n'y a pas d'heure pour déjeuner pour dîner. La cuisine viennoise est délicate : vous trouvez cent plats inconnus en France, préparés habilement, parés avec soin, Il n'y a pas, en Europe, de pain aussi bon que celui de Vienne. Quant aux vins, impossible d'en boire de meilleurs et à prix aussi doux que ceux de Hongrie et d'Autriche, tels que le Tokay, le Voslauer, l'Ofner, etc. Mais si vous voulez connaître Vienne et la vie viennoise, ah ! par exemple, parlez tant soit peu allemand ; car il est rare, à Vienne, de se faire comprendre en français. Au café, on vous sert un verre d'eau dès que vous avez pris ce que vous désirez. Cette eau est excellente ; elle vient de fort loin (du Schneeberg). La ville de Vienne en distribue, par jour, 500.000 hectolitres à ses divers quartiers.

Il y a, à Vienne, une curiosité qu'il faut absolument visiter. C'est la cave Estherazy, appartenant au prince de ce nom. Elle est située près du Graben. Là, après avoir descendu de

nombreuses marches, on trouve, sous d'antiques voûtes éclairés par de simples chandelles, un assortiment de buveurs
debout. C'est tout ce qu'il y a de plus primitif comme cabaret.
On vous donne un très grand verre d'excellent vin ; et, si vous
rapportez le verre vide — car vous avez le droit de le briser —
on vous rend la valeur de 25 centimes.

Les Autrichiens sont bons ; ils ont quelque chose de cordial.
La Viennoise passe pour fort belle. Elle est bien faite, élancée,
nerveuse. Son pied est cambré et joli. On peut dire de Vienne
que c'est le temple de la danse et de la musique. Il y a des bals
et des concerts partout. Dans une foule de restaurants, on
entend des concerts militaires excellents. Je ne sais pas si la
musique de Vienne n'est pas la première musique du monde.
Il y a plusieurs orchestres de dames. Vous connaissez, de réputation, le célèbre Johann Strauss, de Vienne, compositeur de
ces valses qui ont fait fureur en Europe. Edouard Strauss, frère
de Johann, fait exécuter les valses de son frère au jardin situé
près du Palais de l'Empereur. Presque tous les soirs, on peut
entendre son incomparable orchestre au milieu de la meilleure
société viennoise. Edouard Strauss est brun ; il a la figure
carrée, le front haut, les cheveux noirs ; il porte la moustache
en croc. Il faut le voir les deux bras tendus, battant la mesure
avec ses mains, ses pieds, sautant, dansant, pour exprimer le
mouvement. C'est unique ! L'Opéra de Vienne est de premier
ordre. J'avais été présenté au premier baryton de ce grand théâtre, un Autrichien, M. Sommer, qui ne gagne pas moins de
50,000 francs par an. Grâce à ce grand artiste, j'ai pu visiter les
coulisses de l'Opéra, pendant une représentation, et j'ai constaté que les loges des artistes sont vastes, luxueuses. Les ballets
à Vienne, sont hors ligne. Il n'est pas rare d'y voir 400 figu-
rantes. Le maître de ballets est un Francais. Le chef d'orchestre
de l'Opéra, M Richter, est le premier chef d'orchestre des temps
modernes. Mozart, cet illustre parmi les illustres, a débuté à la
cour de Vienne ; il mourut à Vienne en 1791. On a élevé, dans
le cimetière de Saint-Marx, un monument sur un emplacement
que l'on croit être celui où reposent ses cendres. Beethoven, le
roi de la symphonie, est enterré à Vienne (1827) ; Gluck est décédé dans la capitale de l'Autriche (1787). Les œuvres d'art, à
Vienne, sont innombrables. L'Académie (école des beaux-arts)
possède un fort beau musée. Je fis connaissance d'un peintre
célèbre de cette académie. Grâce à lui, je pus visiter les ateliers
de divers atistes les plus en renom. Dans l'église des Augustins,
j'ai admiré beaucoup le chefs-d'œuvre de marbre de Canova, le
tombeau de Marie-Christine. Mais je n'ai pas manqué d'aller, à

trois reprises, visiter le *Belvédère* (le Louvre, de Vienne). Les trois chefs-d'œuvre de ce musée sont : *La Trinité*, d'Albert Dürer (1511) ; l'*Apparition de la Vierge* à saint Ildefonse, de Rubens, et un *paysage*, de Ruysdaël. Un tableau de Guido Reni (mort en 1642) m'a frappé, c'est une *Sainte-Magdeleine*. Passons à la collection Ambras (située au-dessus du Belvédère). Quelle splendide collection d'armures des souverains de la maison d'Autriche ! On y visite aussi de curieuses antiquités romaines. Allons au palais impérial voir le *Trésor*. C'est une merveille. Là, les diamants des couronnes royales jettent des feux de toutes parts. Le diamant, dit le *Florentin* (célèbre), pèse 133 carats. Après la bataille de Grandon, il fut perdu par Charles-le-Téméraire et vendu 10 livres par un soldat suisse. J'ai vu, dans ce trésor, un sceptre et un vêtement de Napoléon 1er, le berceau du duc de Reichstadt, une salière d'or, exécutée par Benvenuto Cellini pour François 1er; elle est une petite merveille. A l'Arsenal, autre curiosité de Vienne, il y a une intéressante collection d'armures des souverains de l'Autriche. J'ai remarqué deux drapeaux de chevaliers croisés, dont un porte l'image du Sauveur sur la croix, et l'autre la Sainte-Vierge avec l'Enfant-Jésus. J'ai vu les écuries de la cour. Il y a 400 chevaux de prix de tous les pays du globe. Les rateliers sont en forme de corbeille, en acier poli. Les mangeoires en marbre. J'ai remarqué des chevaux à poils ras, comme les lévriers, et de couleur chair ; une centaine de chevaux espagnols. Au premier étage, d'innombrables voitures de gala, dorées, brodées d'or. La voiture de gala, de l'impératrice Marie-Thérèse (toute en bois doré), en style Louis XV, ayant de fines peintures, est d'une dimension telle que je n'ai rien vu de pareil dans les musées d'Europe. J'ai remarqué une petite voiture fort jolie, doublée de satin gris, qui a servi au duc de Reichstadt, quand il était enfant. A Vienne, on aperçoit de tous côtés, sur le bord du Ring, des monuments majestueux. L'Hôtel-de-ville de Paris ne vaut pas celui de Vienne. Celui-ci est du plus beau style gothique. Encore quelques observations sur certains usages : D'abord, l'or ne circule pas comme monnaie. à Vienne. On y voit du papier-monnaie et peu d'argent ; mais l'or fait prime de 18 pour cent. Les portiers ont un petit privilège qui ne laisse pas que d'être onéreux. Après dix heures du soir, il faut leur donner 0,25 cent., quand ils ont tiré le cordon. J'oubliais de parler des journaux. Il y en a bien 250 à Vienne, dont 36 politiques quotidiens ; mais tous sont de format grand in-4°. Dans les pricipaux cafés, vous trouverez le *Figaro*, le *Journal des Débats*. Le roman de *Sapho*, par Alphonse Daudet, était étalé à toutes les devantures de libraires. Près de de Vienne, à la porte d'un faubourg, se trouve le château impérial de Schœnbrunn qu'a habité Napoléon I⁰ʳ (1805-1809) et dans lequel est mort l'infortuné duc de Reichstadt (1832). Les jardins du château, imitation de ceux de Versailles sont fort beaux. En arrivant, on est frappé de la majesté d'un groupe de marbre, représentant Neptune. En face du château, au sommet d'un amphithéâtre de verdure, se trouve un portique ouvert, appelé la *Gloriette*. Le parc est décoré de belles statues de marbre. Schœnbrunn est la résidence favorite de l'empereur d'Autriche.

Près de Schœnbrunn, Hietzing, joli village, très aimé des Viennois, qui s'y rendent les dimanches, il y a des concerts, des bals, etc. Là, j'ai été visiter une exposition de roses, qui avait attiré de nombreux amateurs. Dans le parc de Schœnbrunn, il y a une serre de première grandeur, avec des palmiers très élevés et quelques orchidées de toute rareté. Vienne est bien curieux, bien beau, c'est vrai ; mais tout est cher, fort cher dans cette capitale. Voilà le revers de la médaille! Ce qui m'a frappé, c'est l'ordre qui règne en Autriche, en tout et partout. Chacun est à sa place. L'Empereur est aimé ; le clergé respecté ; la *vraie* bourgeoisie, non pas cette bourgeoisie qui, comme en France, consiste à avoir des écus ; mais la bourgeoisie de tradition, *les gens de bonne éducation* ont leur rang. On compte en Autriche. plus de 400,000 personnes portant des noms nobiliaires (en France, il y en a environ 60.000) ; 300 familles appartiennent à la haute noblesse ; 10 sont ducales. Les chefs de ces dernières, les Liechtenstein, les Schwartzemberg, les Esterhazy, les Lobkowitz ont le titre de régents et le droit de s'entourer de gardes du corps. Il y, a en Autriche, des fortunes à faire pâlir les Rotschild eux-mêmes. Le prince de Schwartzemberg, possède 660,000 hectares en propriétés. Le prince de Liechtenstein a 20 terres seigneuriales en Moravie, comprenant une trentaine de villages. Quelques mots sur l'Empereur, S. M. François-Joseph. Je ne vois pas sur les trônes d'Europe de figure plus sympathique. Jamais souverain n'a eu un pareil sentiment du devoir. Il a toujours sacrifié sa personne aux intérêts de son peuple. François-Joseph aime la littérature, les arts, la musique. Sa bibliothèque privée est celle d'un homme d'étude et de goût. L'Empereur François-Joseph s'est toujours levé à 5 heures du matin. Après sa prière, il prend une tasse de café, placée sur son bureau, puis il fume un cigare et travaille. A 11 heures, on lui apporte un potage. Il continue ensuite son travail jusqu'au dîner, qui a lieu en famille. Le son de sa voix est plein de charme, comme du reste toute sa personne.

EN HONGRIE (en 1884). — Et maintenant, de Vienne, je vais en Hongrie ; je me rends à Pesth. J'ai pris à sept heures du matin, à Vienne, sur le canal du Danube, non loin du *Prater*, le petit vapeur qui part tous les matins pour Buda-Pest. Nous passons devant ce *Prater*, tant vanté, et dont j'ai oublié de vous dire quelques mots. C'est un immense parc qui n'a pas son égal en Europe. Allées sablées, grands arbres, pelouses, tout s'y trouve ; et cela semé de cafés-concerts, de restaurants, etc. C'est là qu'était placée la merveilleuse exposition universelle de Vienne (1873), la plus vaste de toutes celles qui ont existé jusqu'à ce jour ; car elle occupait une surface de 264 hectares ! Il en reste encore une superbe rotonde qui, à elle seule, peut contenir 100.000 personnes, et dans laquelle on donne des fêtes. Le Prater est le bois de Boulogne des Parisiens. On peut le comparer aux Champs-Elysées, ou bien à cet immense parc de Londres, dit Hyde-Park ; mais c'est bien plus beau encore. C'est le lieu de rendez-vous des Viennois. On y trouve plus de 60 concerts militaires qui font entendre, dans chaque restaurant, de la musique délicieuse. Le petit bateau à vapeur arrive, une demi-heure après son départ, sur le Danube, et nous montons dans un splendide steamer. Voici le beau Danube dans sa majesté. Il est très large à certains endroits. Les rives du fleuve sont variées à l'infini. Bientôt, nous passons sous les ruines féodales de Theben, l'un des plus curieux châteaux fortifiés que l'on puisse voir ; ensuite, devant Presbourg (50,000 habitants) dominé par le vaste logis jadis habité par Marie-Thérèse ; mais dont il ne reste que les murailles (il a été incendié en 1811). Après Presbourg, je trouve le Danube couvert de petits moulins à farine. Plus loin, Gran, où il y a une cathédrale sur un rocher qui fait un effet surprenant. Le dôme a une hauteur de 80 mètres. A côté est un magnifique séminaire et le palais épiscopal. Le Danube s'élargit encore. On croirait, cette fois, voir les lacs de la Suisse. J'ai été saisi et ravi à la vue des ruines de l'antique forteresse de Gros-Marros : des bois, des rochers, et au bas un village charmant avec des villas qui font envie. Tout ici est réuni pour la vue. Pesth n'était pas loin. Il était déjà 7 heures du soir. Sur des collines, on apercevait divers calvaires que des curés ont fait ériger, ainsi que plusieurs petites chapelles. Au loin, je vois, vaguement, cette fois, des monuments ; et, sur la droite, une montagne avec une forteresse, un château, enfin, une ville placée en escalier, au-dessous. C'est la capitale de la Hongrie. Nous passons sous un pont de fer qui n'a pas son égal en France, pour la beauté et la force des arcades, ainsi que pour sa largeur. Le coup d'œil, en arrivant à Pesth, est féérique. La capitale de la Hongrie est, en effet, traversée par le Danube, couvert de bateaux à vapeur, de barques, etc. D'un côté, Pesth (200,000 habitants), de l'autre côté et en amphithéâtre, Bude (53,000 habitants), en langage hongrois *Ofen*. Pesth est presque aussi beau que Vienne. Des monuments, de vastes cafés, notamment le café Lyod, sur le quai François-Joseph. Une animation incroyable règne partout. Des tramways circulent dans toute la ville. Je m'aperçois très vite que les prix des hôtels sont fort élevés. Malheur à celui qui ne parle pas un peu allemand ! Il est exploité, *écorché* de la plus belle façon : Sachez tout au moins dire : « Je veux une chambre » et ajoutez « Combien ?... » A Pesth, on ne voit presque jamais de Français, Mais, par contre, on y parle une langue nouvelle ? Eh oui, c'est le hongrois, langage qui ne ressemble absolument à aucun autre ! Je visite le célèbre Musée de tableaux, la *galerie Esterhazy*, une des perles artistiques de l'Europe. Elle a été achetée trois millions ; mais elle vaut bien davantage. Elle se compose de 694 tableaux à l'huile, Les deux chefs-d'œuvre de cette collection sont : 1° le plus beau Murillo qui soit en Allemagne : la Sainte-Vierge et l'enfant Jésus donnant du pain à trois missionnaires ; 2° un *Ecce Homo* par Rambrandt. Cet *Ecce Homo* est le morceau capital de la galerie. Je suis monté sur la montagne de Bude, au moyen du chemin de fer funiculaire (système du chemin de fer du Vésuve à Naples) en une minute. De là, j'ai visité le château royal qui domine des terrasses artistiques et duquel on a sur Pesth et la campagne une vue magnifique. Mais ce qui fait de la capitale de Hongrie un lieu célèbre, ce sont ses eaux thermales sulfureuses qui attirent de nombreux baigneurs. C'est à Bude au pied de la montagne, que sont situées les eaux thermales. Parlons de l'île Marguerite, que j'ai visitée, à environ 2 kilomètres de Pesth. Elle est au milieu du Danube et la promenade favorite de la ville. Elle appartient à S. A. R. l'archiduc Joseph, Cette île enchantée est un vrai paradis terrestre. Il n'y a rien de pareil en France L'archiduc a fait creuser, sur un côté de l'île, un puit artésien qui livre, en 24 heures, 56.000 hectolitres d'eau thermale. Dans cette île, on a construit un établissement. On y a élevé de grands hôtels, ouvert de somptueux restaurants. Il y a des concerts. Toute l'île est couverte d'arbres séculaires, ornée d'allées sablées avec soin, semée de massifs de rosiers, de fleurs rares. Ajoutez la société la plus choisie (société de baigneurs ou de promeneurs). On a même établi un tramway, dans cette île. Et que dire de cette population hongroise, l'une des plus belles de l'Europe ? A Pesth, les brunes à grands yeux noirs dominent. Le Hongrois est avenant, gracieux.

Un usage général, en faveur à Vienne, est celui-ci, qui m'a frappé également à Pesth : êtes-vous assis à une table de restaurant ou de café ; arrive-t-il un autre monsieur près de vous, il vous salue avec un sourire dont lui seul a le secret. Et ceci n'a pas lieu seulement dans les villes de l'Autriche, de la Hongrie, mais dans toute la campagne. Il fallait quitter Pesth. Je pris le chemin de fer et je traversai les immenses plaines de la Hongrie. Elles sont cultivées partout. J'apercevais des machines agricoles qui fonctionnaient autour de chaque ferme. Il y avait des faucheuses pour les prairies ; des faneuses. Les paysans cultivaient le sol, portant, *tous*, des belles et bonnes bottes, de celles que nous appelons *bottes hongroises*. Une demi-heure avant d'arriver à Vienne, je vis tout d'un coup le nom d'une petite station, celui de *Wagram*. J'étais avec un savant de l'Université qui me montra aussitôt les plaines où s'est donnée la mémorable bataille gagnée par Napoléon Ier. Bientôt, m'apparut la belle flèche de la cathédrale de Saint-Etienne. Quelques minutes après, je rentrais à Vienne. Pendant que j'étais à Vienne, je reçus du célèbre peintre Makart, si connu dans toute l'Europe, une missive charmante, que je conserve précieusement dans ma collection d'autographes. Il m'engageait à visiter son atelier ; je m'y rendis et j'eus la surprise d'y voir tout un monde de merveilles. L'atelier de M. Makart est quelque chose d'unique. Figurez-vous une salle énorme, entourée de balcons en bois, tendue de tapisseries à haute-lice, etc. J'y ai remarqué un tableau à l'huile, qui n'a pas moins de 7 à 8 mètres de large et qui représente une légende d'Allemagne, c'est-à-dire un chevalier, lequel se présente devant une jeune femme aux blonds cheveux, aux yeux noirs et entourée d'amours. La richesse de la couleur de la toile est dans le genre de celles de Rubens. Tout autour de l'atelier, des tentures de satin, brodées d'or, des objets antiques, tous d'une grande valeur ; un médaillon offert par Sarah Bernhardt, qui l'a sculpté de sa main, etc. Makart, né à Salzbourg en 1840, mort à Vienne (octobre 1884), trois mois après ma visite à son atelier, est l'auteur de ce magnifique tableau : l'*Entrée de Charles-Quint à Anvers*. Les funérailles de ce peintre illustre ont été faites aux frais de l'Etat.

Mais il fallait quitter Vienne. Je revins par Salzbourg, afin de faire un vrai pèlerinage à l'habitation de Mozart et de saluer la maison ou naquit l'un de plus grands génies de l'humanité. Me voici à Salzbourg. On a raison de dire que la situation de cette ville est une des trois plus belles qu'il y ait en Europe. Elle est entourée de hautes montagnes, les unes couvertes de bois, d'autres de gigantesques rochers dénudés. Je cours à la maison où naquit

Mozart. Elle est située près du pont. Elle a trois étages et quatre fenêtres de façade. J'y lis une inscription commémorative. Je monte aussitôt un vieil escalier ; et me voilà, en quelques secondes, à la porte du logis où vint au monde l'auteur de *Don Juan*. Je sonne ; un monsieur à figure ouverte et distinguée, vient. — Je veux voir la chambre où naquit Mozat ? — C'est ici, Monsieur. — La porte ouverte. j'aperçois un vrai musée ; car on a transformé cet appartement en Musée-Mozart, heureuse idée qui devrait être suivie pour honorer la mémoire des grands hommes. Je remarque plus de cent portraits de Mozart, depuis ses premières années jusqu'à l'époque de sa mort. Etant jeune, Mozart avait des cheveux bouclés très-abondants qui lui tombaient sur les épaules. Voici le portrait de la mère, du père de Mozart, etc. ; voici des cheveux de Mozart (ils sont très-noirs) ; deux clavecins que j'essaie et qui vont encore, sur lesquels Mozart a composé ses chefs-d'œuvre immortels. Plus loin, deux lettres autographes de Mozart, écrites à son père, en français ; des fragments de compositions musicales, dont les notes sont tracées de sa main. Je me rendis, également, dans deux autres maisons qui furent habitées par Mozart ; dans l'une, réside un libraire, homme instruit, qui me parla de Mozart et m'apprit diverses particularités de sa vie ; l'autre habitation est encore plus intéressante ; car c'est là que Mozart a composé la *Flûte enchantée*. Sur une place de Salzbourg, on a élevé (en 1842) une statue à Mozart : mais elle est mauvaise, bien que due au ciseau d'un bon artiste Schwanthaler.

EN BAVIÈRE (en 1884). — Je prends le chemin de fer de Salzbourg à Munich. Dans le lointain, les Alpes tyroliennes se présentent avec une grande majesté. C'est une suite de pics aigus, de rochers blanchâtres, qui font du paysage quelque chose de grandiose. Des lacs, par-ci, des villages admirablement situés, par là. J'arrive à Munich (en allemand *Munchen*). La capitale de la Bavière mérite une étude spéciale. Elle a près de 200,000 habitants. La campagne environnante est aride et triste (Munich est situé dans une immense plaine) ; mais c'est un centre artistique comme il n'y en a guère en Europe. On dit qu'il y a près de 3,000 peintres. Le roi de Bavière est un grand amateur de musique. C'est lui qui a encouragé Wagner, qu'il a comblé de faveurs. La ville de Munich est remplie de beaux monuments. Actuellement, tout ce que l'Etat fait élever est en style Renaissance. Les musées méritent un séjour dans la ville. Je dois citer la *Glypothèque*, où il y a des statues antiques de marbre, de la plus grande beauté ; des antiquités grecques et romaines ; la

Pinacothèque qui est le Louvre de Munich. Là, sont rangés, 1,400 tableaux, répartis en 32 salles. Dans la salle dite de Rubens, il y a 95 tableaux de cet illustre peintre. C'est la plus considérable collection des œuvres d'un seul maître qui existe au monde. Rien n'est beau comme le *Jugement dernier* de ce maître, toile qui n'a pas moins de 20 pieds sur 15. C'est magique ! Le National-Museum de Munich est de premier ordre. C'est le musée de Cluny de la capitale de la Bavière. Il y a des merveilles de sculpture du moyen-âge; mille objets intéressants. Munich possède l'une des meilleures Universités d'Europe. De tous les points de l'horizon, y arrivent des étudiants. Ils sont rangés par associations et chacune de ces dernières se distingue par un costume particulier : casquette rouge, bleue ou blanche et un ruban passé en sautoir sur la poitrine. L'étudiant de Munich est bien élevé, sérieux. Comme à Vienne la musique militaire est supérieure à Munich. Nous n'avons rien de pareil en France. L'Allemand est, vraiment, organisé richement au point de vue musical. L'été, il y a, tous les soirs, à Munich, dans des jardins, vastes et bien décorés, appartenant à des brasseries, où 2 ou 3,000 personnes se réunissent, les concerts militaires qui ne peuvent avoir que leurs égaux. Ce qui fait de Munich une ville à part, ce sont ses nombreuses brasseries et sa bière si renommée. Ici, tout le monde va à la brasserie et boit de la bière. Il est rare qu'un habitant de Munich boive du vin, — bien que les restaurants en vendent d'excellent. — Rien n'est curieux comme une brasserie à Munich. Il y a, là, un millier de personnes attablées, buvant dans des pots en grès. La bière ordinaire est la *salvatorbier* le *backeller*. On se sert soit même dans la brasserie. Chacun prend son (*masskrug*), le rince et va le faire remplir, en ayant soin de ne pas perdre de vue le numéro qu'il porte. La bière de Munich est excellente. En général, tous les établissements, à Munich sont servis par des femmes. A Munich on mange, bien entendu, de l'excellent pain de froment ; mais on y vend également un pain de seigle, que la bonne société préfère, et qui est aussi celui du peuple. J'ai remarqué, à Munich, les costumes militaires. Ils sont variés, voyants, artistement dessinés et fort beaux. Le militaire bavarois est haut de taille. Il a bonne façon. On sent qu'il y a en lui le sentiment du devoir et de la discipline. Enfin, je ne dois pas oublier de dire que la vie à Munich, n'est pas chère. On trouve, de plus, des serviteurs peu coûteux et dévoués. La population porte, sur sa physionomie, un air honnête.

EN SUISSE (en 1884). — Pour rentrer en Suisse, je tra-

verse de nouveau, en bateau à vapeur, le lac de Constance à
6 heures du matin. Je reprends le chemin de fer de l'autre côté
du lac et me voici à Zurich. Je prends le chemin de fer de Zurich à Zug. Le tableau devient magnifique. Me voici sur les
bords du beau lac bleu de Zug. Un bateau à vapeur nous attend
et nous transporte au village d'Arth, aux pieds du Righi, qui
mérite quelques lignes. Le Righi est l'une des plus belles montagnes de la Suisse. Il a 7 à 8 lieues de tour et 1,800 mètres
d'altitude. Croiriez-vous qu'on a eu l'idée de faire un chemin
de fer pour monter au sommet ? Je monte dans l'unique wagon
destiné à nous transporter. Cette locomotive pousse, le wagon
derrière; nous sommes menés par secousse. On monte, on monte
toujours, sur une voie ferrée qui n'a pas moins de 25 pour cent
par moment. On passe sur des ponts de fer, au dessous desquels
sont des rochers, des cascades. De temps en temps, le wagon
traverse des tunnels. Quelquefois, nous passons sur un rocher
à pic, de trois à quatre cents mètres de hauteur qui, malgré
tout votre courage, ne laisse pas que d'effrayer. Mais tout est
prévu. Le chemin de fer est *à crémaillière,* et l'on ne risque rien.
Il n'y a eu, jusqu'à ce jour, aucun accident. Bien plus, la locomotive pourrait tomber que, par un calcul ingénieux, le wagon
resterait sur la voie, accroché sur les rails en crémaillère. Pour
monter en chemin de fer, au Righi, (ce qui ne dure pas moins
de 2 heures), il y a quelques petites stations dans la montagne.
On rencontre, à mi-chemin, un couvent de capucins, où séjour-
nent deux pères, à côté de plusieurs hôtels. Enfin, nous arrivons au haut du Righi. On a un panorama immense. A vos
pieds, 11 lacs ; partout, une suite de montagnes, avec des pics
aigus ; et, du côté de l'Italie, le Saint-Gothard, d'énormes monts
couverts de neige, étagés les uns sur les autres ; au-dessous du
Righi, ce merveilleux lac des Quatre-Cantons ; Lucerne, dans
le lointain, etc., etc. Il y a, en haut du Righi plusieurs hôtels.
Le plus important, celui de Righi-Kulm est fort cher ; mais au-
dessous du Righi-Kulm, vous avez d'autres logis à 8 et 9 francs
par jour. Vous rencontrez, dans ces hôtels, des Américains,
des Anglais, des Espagnols, des Allemands, etc. Aussi entendez-
vous parler toutes les langues. De même que, du côté d'Arth,
les flancs du Righi ont un chemin de fer à Witznau. Mais la locomotive, au lieu d'être derrière le wagon qui nous mène, est
devant, afin de retenir celui-ci. Bien entendu, on ne va pas vite.
Par moment, la pente est encore de 25 pour cent. Le spectacle,
sur le lac et les montagnes, est quelque chose d'inouï. Nous
voici à Witznau. Montée et descente en chemin de fer ont coûté
11 fr. 80. On prend le bateau à vapeur à Witznau et l'on arrive

par le lac des Quatre-Cantons à Lucerne. La petite ville de Lucerne, où j'ai séjourné, est charmante. Elle conserve les vieilles tours de son enceinte (datant de 1385), un pont en bois fort ancien, orné de peintures antiques et historiques. Non loin de l'église collégiale, j'ai vu ce lion célèbre, taillé dans un rocher, en 1821, en souvenir des officiers (au nombre de 26) et soldats, suisses (760), massacrés le 10 août 1792, en défendant les Tuileries et le roi Louis XVI. C'est un lion percé d'une lance brisée et qui expire en défendant de sa griffe un bouclier fleurdelisé. Ce lion est un chef-d'œuvre. Lucerne a beaucoup d'étrangers pendant la belle saison. Les hôtels, contrairement à ce qui m'avait été dit, sont à prix abordable (7 à 12 francs par jour). Je prends encore le chemin de fer pour Interlaken. Me voici sur les bords du lac de Thoune. Je monte en bateau à vapeur, chargé, ce jour là, de 500 personnes. Quel admirable spectacle que celui du lac de Thoune et des montagnes qui l'entourent ! Nous arrivons entre les deux lacs. Là, se trouve un village — Interlaken — bien connu de l'Europe entière, célèbre comme station d'été, centre d'excursions dans les montagnes. Ce village a pris son nom de sa belle position au milieu de deux lacs. Interlaken, quoique petit village, a de splendides et nombreux hôtels. Le cadre du tableau est grandiose. Figurez-vous des montagnes boisées, à pics élevés, comme dans les Pyrénées, à Bagnères-de Luchon, par exemple. Mais, au-dessus, vous apercevez des monts que vous ne vous lassez pas de contempler. Je dois, notamment, citer la Jungfrau, c'est à dire la montagne de la Vierge (4167 mètres d'altitude), cachée sous son voile éternel de neige. Elle apparaît avec une majesté qui m'a ravi. Interlaken est un séjour qui convient à tous ceux qui aiment le repos. Il y a un Kursaal, qui donne des concerts trois fois par jour. En revenant, je visitai Berne, capitale très commerçante, mais monotone. Je couchai à Vevey, jolie petite ville sur le bord du lac Léman. Le lendemain matin, dès l'aube du jour, je pris le bateau à vapeur qui, en 4 heures, permet de faire la traversée du lac. Je repassai à Genève, grâce au train express, je ne m'aperçus guère de la longueur du trajet. En quelques heures j'étais à Lyon ; et, peu après, dans ma belle Limagne d'Auvergne.

EN ESPAGNE (en **1885**). Je donnerai quelques conseils à ceux qui voudraient se rendre à Madrid. En premier lieu, apprenez quelques phrases d'espagnol. Ce n'est pas avec le français, mais avec l'anglais et l'espagnol qu'on peut faire le tour du monde. Je pars le 11 mai 1885 ; je monte en chemin de fer jusqu'à Bordeaux. Je choisis le train express de Bordeaux à Madrid. Ce train s'élance à 7 heures du matin, et pour 100 francs, en première classe, vous êtes, le lendemain, à la même heure, à Madrid. De Bordeaux à la frontière espagnol, je ne dirai rien. Attention ! Nous traversons les majestueuses montagnes des Pyrénées ! L'Espagnol boit beaucoup en chemin de fer, résultat de la température. En été, à chaque station, tout le monde se met à la portière : *Agua ! Agua !* crie-t-on de toutes parts ! *Aguador !* (vendeur d'eau). Dans les troisièmes des wagons espagnols, on chante. Partout des guitares. La voie ferrée d'Irun à Madrid est une œuvre colossale ; elle présente soixante-neuf tunnels à travers de gigantesques montagnes et des remblais considérables. On franchit bientôt le passage difficile des Pyrénées et aussitôt on traverse le magnifique viaduc d'Ormaïzteguy, dont les murs s'élèvent à 35 mètres au-dessus de la maison des bains. Après Zumaraga, on pénètre dans un tunnel long de 2,957 mètres. Bientôt les montagnes s'entassent ; mais, par moment, le pays est désolé, désert, épouvantablement sauvage. Je me rappellerai souvent le tableau d'une suite de rochers bordant un paysage que je qualifiai de *salon de l'enfer*. Enfin, voici Burgos. J'aperçois les flèches dentelées de sa merveilleuse cathédrale. La façade, qui se voit fort bien du chemin de fer, est d'une richesse incomparable. Partout des statues, des guipures de pierre. Après Burgos, grand désert ; les maisons, rares et pauvres, sont bâties avec de gros cailloux ronds. Nous pénétrons dans le Guadarrama. Des forêts de pins en parassols et des genêts s'élèvent sur ses crêtes. Des pierres énormes, en granit, surplombent la voie ça et là. La sierra de la Guadarrama est couverte de neige. Le paysage prend des aspects terribles. Les tremblements de terre, furieux, ont remué la contrée dans tous les sens. Nous arrivons à la Navas, le pays le plus mal famé des environs de l'Escorial. Mais ne craignez rien les brigands d'Espagne sont assez rares de nos jours et, du reste, toutes les précautions sont prises, car des gendarmes accompagnent tous les trains. Nous passons devant l'Escorial (on doit dire l'*Escorial* et non l'*Escurial*) que je décrirai, et le train descend à Madrid. On traverse un bois d'oliviers. La plaine est semée de gros rochers de granit, toujours fort sauvages. En passant, j'aperçois un cimetière. Figurez-vous une pauvre cour fermée de murs épais. Au lieu d'enterrer les cercueils, on les dispose horizontalement dans l'épaisseur des murailles, construites en alvéoles, que l'on couvre d'inscriptions. Enfin, je salue Madrid, qui m'apparaît perché sur un monticule, au pied duquel coule le Mançanarès, qui avait certainement assez d'eau, — contrairement à ce qui m'avait été affirmé.

Le palais royal de Madrid, qui se présente avantageusement sur la colline, demande quelques notes historiques. Il servait de résidence aux rois de Castille et fut réduit en cendres dans la nuit du 24 décembre 1734. Le roi Philippe V fit alors venir, d'Italie, l'architecte J.-B. Sachetti, Les constructions commencèrent en 1734 ; le palais fut inauguré en 1764, par le roi Charles III. Ce bel édifice, bâti en granit rouge et en pierre blanche de Colmenar, forme un carré de 135 mètres de côté. Les vastes façades sont flanquées de pavillons saillants, ornés de colonnes ioniques, de pilastres, de chapiteaux doriques ; de grands vases couronnent l'édifice. Le monument a coûté près de 80 millions. Pour en revenir à Madrid, nous dirons que la ville est située dans une vaste plaine qui manque d'arbres. Elle est couronnée de montagnes qui, l'hiver, sont couvertes de neiges. L'été, la chaleur est insupportable dans le milieu du jour ; mais, le matin, il fait généralement frais et les nuits sont agréables. La gare du Nord, où je descends, est fort belle, très animée. J'arrive à la *Puerta del Sol*, au centre de Madrid. C'est une place peu vaste ou plutôt un carrefour. Elle est, dès huit heures du matin, bondée de monde, d'oisifs, de vendeurs, etc. Tous les tramways aboutissent à ce centre qui ressemble, comme animation, à tout ce qu'il y a de plus encombré de passants à Paris. De la *Puerta del Sol* partent des rues fort belles remplies de voitures. La rue (*Calle*) d'Alcala présente un beau coup d'œil qui m'a frappé à mon arrivée. J'ai été saisi en apercevant la belle descente de cette rue au Prado ; car c'est un merveilleux boulevard. Le Prado est une vaste promenade qui n'a pas moins de trois kilomètres de longueur. À cinq heures du soir, le beau monde s'y donne rendez-vous. C'est là qu'on peut bien juger des divers types de la population espagnole. Mais ce que nous entendons en France par le type espagnol n'existe pas à Madrid. Les Madrilènes sont charmantes, il est vrai. Sur quatre, il y en a trois de jolies ; mais elles ne répondent en rien au type qu'on s'en fait. Elles sont petites, mignonnes, le pied mince, la taille cambrée ; elles ont la peau blanche, les traits chiffonnés, la bouche en cœur et représentant assez bien certains portraits de la Régence. Beaucoup ont les cheveux châtain clair et vous rencontrez des jolies blondes sur le Prado. Nous quitterons le Prado, et, retournons à la Puerta del Sol, au café. La variété de rafraîchissements qu'on y sert est quelque chose d'unique. Il est vrai que l'Espagnol, altéré par un climat spécial, boit toujours ; mais quelles boissons ! Voici la carte des *bebidas haladas* (boissons gelées), des *sorbetes*, des *quesitos*. Il y a des *bebidas de Naranja* (orange), de *limon* (citron), de *fresas* (fraises), de *guindas* (cerises), qui sont aussi supérieures à ces affreux carafons de groseille que l'on n'a pas honte de vous servir à Paris, aux cafés Riche ou de la Paix, que du vin de Xérès l'est à du mauvais vin blanc. C'est une espèce de glace liquide de crème neigeuse du goût le plus exquis. La bebida *de almendra blanca* (amandes blanches), est une boisson délicieuse inconnue en France où l'on avale, sous prétexte d'orgeat, d'abominables mixtures. On sert, aussi, des *spumas* de chocolat, de café et autres. Ce sont des espèces de crèmes fouettées et glacées, d'une légèreté extrême, le tout accompagné d'oublies roulées en longs cornets avec lesquelles on prend la *bebida*. Qui donc me disait que la cuisine espagnole est mauvaise. Elle est assez bonne, à mon avis du moins. Pendant mon séjour de quinze jours à Madrid, j'ai assisté à la fête populaire de la ville, à la *San Isidro*. J'ai été à la *Romeria* (à la fête), sur le bord du Mançanarès, où près de la petite chapelle élevée à la mémoire du saint ermite, qui fut laboureur (*labrador*), la foule se rend de tous les points de l'Espagne. Le soir, bal champêtre, guitares, à côté d'une espèce de foire comme celle de Saint-Cloud, laquelle se tient dans la *pradera* (la prairie). Allons au musée royal de Madrid, le premier musée du monde. Le Louvre, à Paris, renferme plus de tableaux, certainement : mais le musée de Madrid est la fleur des musées. C'est le plus riche de la terre. Les rois d'Espagne ont répandu l'or pour les artistes. Le musée royal de Madrid est, par suite, le plus riche musée du monde : il compte 2,205 tableaux. L'école espagnole est, naturellement, la mieux représentée. Cette école se divise en deux : l'école d'Andalousie et celle de Castille. Velasquez compte 64 toiles dans ce musée, c'est-à-dire plus que nous n'en possédons dans toutes les collections d'Europe réunies. Quel peintre de talent ! Murillo a 46 tableaux au musée de Madrid. Ribera a davantage de toiles. Dans l'école italienne, il y a 10 Raphaël, 43 Titien 25 Véronèse, 34 Tintoret, 16 Guido Reni, 28 Bossano, 55 Luca Giordano ; dans les écoles allemande et hollandaise, 62 Rubens, 22 Van Dyck, 53, Teniers, 10 Albert Dürer. Citons, parmi les toiles du Titien, le portrait équestre de Charles-Quint, la victoire de Lépante, peinte par cet artiste inimitable à l'âge de quatre-vingt-quatorze ans, sans trace de faiblesse. Admirons la pièce capitale du musée, un Raphaël, *Jésus succombant sous le poids de la croix* et soutenu par Simon le Cyrénéen ; un autre tableau de Raphaël, une *Sainte-Famille*, surnommé *la Perla*. Allons à l'*Armeria real*. Cet édifice renferme plus de 3,000 armes et curiosités historiques. Citons les armures de l'Electeur de Saxe, de Don Juan d'Autriche, de Charles-Quint et de Christophe Colomb, les épées de Boabdil, dernier roi des Maures, de Pélage, de Fernand Cortez, le casque de notre roi François Ier, etc. De l'Armeria, j'ai visité les écuries de la cour. Ah ! les jolis chevaux de race andalouse qui s'y trouvent en nombre ! Il y avait de tout petits chevaux noirs de la race aragonaise, de vrais chevaux bijoux. Pendant que j'étais à Madrid, j'ai assisté à une séance de l'*Académie royale d'Histoire*, dont je suis correspondant. Don Pedro de Madrazo, le secrétaire général, savant aimable, homme du monde d'une grande distinction, voulut bien me présenter à mes très honorables collègues, à l'une des séances qui avait lieu un samedi (16 mai 1885). J'ai pu serrer la main des plus grands savants de l'Espagne, dans ce temple de la science : Don Victor Balaguer, ancien ministre de la reine Isabelle ; il me combla d'attentions. Deux jours après, je pris la vóie ferrée avec l'un des grands fonctionnaires de la capitale de l'Espagne, secrétaire général de la Direction des chemins de fer du Nord, Don L. de Gorostiza, mon camarade de classe, doué d'un cœur rare, une bonne fortune pour moi. Nous quittons Madrid. Trois heures écoulées, nous arrivons à l'Escorial, qui est placé dans un site vraiment unique, aux pieds de hautes montagnes dans un paysage sauvage et pittoresque. L'Escorial, ce gigantesque monastère, le plus beau et le plus grand édifice de toute l'Espagne, considéré par les Espagnols comme la huitième merveille du monde, est quelque chose d'étonnant. Trois rois d'Espagne y ont répandu leurs trésors. Il renferme un palais royal, une église, des cloîtres, un collège, une bibliothèque, etc. On prétend qu'il a coûté vingt-cinq millons. Le grand autel revient à un million ; Le tabernacle à deux millions ; la chapelle où il est placé à cinq millions.

Par une porte monumentale, je pénètre dans le palais, et, en premier lieu, dans l'église, dont l'aspect est grandiose. Celle-ci renferme des reliquaires, des coffres ciselés, qui contiennent des ossements de saints. De chaque côté du maître autel, tout en marbre, des groupes bien curieux de statues en bronze doré : Charles-Quint, Philippe II, accompagnés de reines et d'infantes. Dans le chœur des moines, sur un immense lutrin, des missels enluminés de lettres d'or ; de la voûte, pend un lustre en cristal de roche. Passons à la sacristie où sont conservés des trésors de toutes sortes. J'ai beaucoup remarqué des ornements d'église, brodés d'or, en style Renaissance.

On descend au Panthéon des rois d'Espagne par un escalier de marbre. Les bas côtés et les voûtes de ce bel escalier sont décorés entièrement de marbres précieux, de couleur brune. La salle forme un octogone de 10 mètres de pourtour sur 12 de hauteur. Les sarcophages des rois sont placés, selon l'usage espagnol, dans des espèces d'alvéoles, l'un sur l'autre, avec un cippe de marbre noir où sont sculptés les noms des illustres défunts. Voici le sarcophage de Charles-Quint ; au-dessous, celui de Philippe II, puis ceux de Philippe III, Philippe IV, Charles II, Isabelle, Anne, Marguerite de Bourbon, etc.

Le musée de l'Escorial renferme des tableaux de maîtres de diverses écoles (italienne, espagnole, allemande). Il y a une toile très grande, le chef-d'œuvre de la collection, par le Titien, représentant la Cène et qui vaut un million. La bibliothèque est magnifique. On y conserve de précieux manuscrits sur vélin, illustrés en lettres d'or ; les boiseries, qui renferment les volumes, son fort artistiques. Dans l'appartement des rois, j'ai remarqué de précieuses tapisseries exécutées en Espagne. Toutes les pièces en sont décorées. L'appartement du roi Philippe II est l'une des parties les plus curieuses de l'Escorial. On y voit sa chaise à bras, dont le dossier est composé de bandes de cuir fixées par des clous de cuivre, une table de chêne sur laquelle il expédiait les affaires de l'Etat. On remarque la petite pièce dans laquelle était placé son lit pendant sa douloureuse maladie (la goutte). C'est là qu'il assistait à la messe au moyen d'une ouverture s'ouvrant à volonté, pratiquée dans le mur de l'église. J'ai vu, de plus, dans le chœur des moines de cette dernière, les splendides stalles qui servaient à tout le monastère. Je me suis assis dans celle de Philippe II. Elle est placée à l'angle du fond, afin de moins gêner les moines, lorsque le roi entrait ou sortait. La porte secrète, que j'ai aperçue, est dissimulée dans la boiserie. L'Escorial m'a laissé des souvenirs impérissables. On m'avait beaucoup parlé de Tolède. Il faut trois heures de chemin de fer pour s'y rendre de Madrid. J'ai traversé un pays assez triste et aride ; mais, au milieu de la plaine jaune, le Tage décrit une courbe d'un bleu sombre. J'aperçois la rive de ce fleuve bordée de rochers à pics, d'un abord difficile. Les eaux coulent avec fracas. L'Alcazar, aujourd'hui transformé en école militaire, apparaît au-dessus de la ligne accidentée des toits pointus de la ville. Tolède est bâti sur une immense roche, formant des collines d'inégale hauteur. Les ruelles fort étroites montent ou descendent. C'est un amas de richesses archéologiques ; c'est une cité étrange, un rêve d'antiquaire. Partout des portes avec des blasons, des grilles de fer d'un travail exquis, des marteaux de portes à grosses têtes ciselées ; les portes elles-mêmes tapissées d'énormes clous, etc. Pénétrons dans la cathédrale, de style gothique, rebâtie en 1227, par saint Ferdinand sur le plan de Pedro Perez. Le monument est éclairé par sept cent cinquante fenêtres. Il a 113 mètres de longueur, 57 mètres de largeur et 46 mètres de hauteur, 5 nefs divisées par 88 faisceaux de colonnes. De toutes parts, on s'égare au milieu d'ornements du travail le plus fin. Dans le trésor, la grande *Custodia*, en argent doré, haute de plus de 5 mètres, ruisselante de brillants, d'émaux. La Vierge du sanctuaire, est ornée de perles, de diamants, de rubis. Voyez les statues d'argent massif des quatre parties du monde : mais surtout le saint François d'Assises, sculpté par A. Cano, chef-d'œuvre. Il a 73 centimètres de hauteur. Il est en bois peint. On estime cette œuvre d'art à plus de 100,000 francs. Tolède, je ne dois pas l'oublier, est un important chef-lieu religieux. En quittant Madrid pour me rendre dans le sud de l'Espagne, j'ai pris le train express du soir qui, le lendemain matin, vous transporte dans l'Andalousie, après avoir traversé d'abord la Manche, que Cervantès a rendue célèbre en prenant cette contrée pour théâtre de *Don Quichotte*, roman immortel. Je traverse aussi la Sierra Morena, chaîne de montagnes des plus pittoresques. Tout d'un coup, en arrivant en Andalousie, le paysage change comme par enchantement. Le pays aride est remplacé par des orangers, d'énormes plantes grasses, des fleurs. Bientôt je suis émerveillé par la beauté de la population : car c'est ici qu'habitent ces belles Andalouses à juste titre si vantées. Je m'arrête à Cordoue. C'était la foire. Il y avait foule partout ; mais ce n'était pas un avantage de se trouver dans pareille cohue En effet, à l'hôtel Suisse, où je suis descendu, on ne craint pas, vu l'affluence des arrivés, de me demander 25 fr. par jour ! Je trouve *una fonda* (une hôtellerie) à 10 francs la journée. Cordoue est l'une des plus anciennes villes de l'Espagne. Elle renferme des monuments en style étrange, des forteresses en granit, hérissées de tours carrées, un pont sur le Guadalquivir, assez étroit mais long, sert d'entrée à la ville du côté d'Ecja. Tout auprès, l'on remarque les ruines d'un aqueduc arabe. La tête du pont est défendue par une grande tour carrée, crénelée. Cordoue a l'aspect plus africain que toute autre ville de l'Andalousie. Les ruelles, vrai labyrinthe, sont bordées de maisons blanches ayant toutes leurs *patios* (cours) ; aux rares fenêtres, de curieuses grilles. La mosquée de Cordoue, commencée en 770, terminée en 795, transformée en cathédrale, en 1236, par le roi saint Ferdinand, mesure 167 mètres de long et 119 mètres de large. C'est le plus beau temple musulman qui existe et l'un des plus admirables monuments de la terre. Cette merveille d'architecture mauresque offre, à l'intérieur, des centaines de colonnes de marbre, de porphyre, de jaspe, formant de longues allées. On dirait une vraie forêt. Cordoue, bien déchue (42,000 habitants), avait, dit-on, près d'un million d'habitants sous la domination des Maures. On y comptait 200,000 maisons et 390 mosquées. De Cordoue, le chemin de fer vous amène, en huit heures, à Grenade (67.000 habitants). C'est ici que se trouve le fameux palais arabe de l'*Alhambra*, qui est toute une ville. Son enceinte mesure 726 mètres de longueur et 197 mètres de largeur. La salle des Ambassadeurs (*les ambajodores*), est la plus grande de l'Alhambra ; elle forme un carré de 43 mètres de côté ; ses murs s'élèvent à 18 mètres et sont de vraies guipures posées les unes sur les autres. Citons la célèbre Cour des Lions (*patio de los leones*) qui a 32 mètres de long sur 10 de large. Près de l'Alhambra, le *généraliffe*, qui est la maison de plaisance de l'Alhambra, et qui renferme des jardins, des eaux admirables. Visitez la cathédrale de Grenade, commencée en 1529. Elle a 116 mètres de long sur 70 de large. Il faut y voir la capilla reale (chapelle royale), renfermant les magnifique mausolées du roi Ferdinand et de son épouse Isabella-Catholique. On y montre la couronne et le sceptre d'Isabella-Catholique, l'épée de Ferdinand, etc.

Enfin, je reviens à Cordoue et je prends le chemin de fer pour Séville. Il faut trois heures de Cordoue à Séville. Le pays continue à présenter de grands palmiers, des orangers, des fleurs partout. Qu'il me tardait de voir Séville ! Tout d'un coup, j'aperçois la cathédrale et cette fameuse Giralda. Voici Séville tant vantée ! Je m'installe vite dans un des omnibus et je descends à l'hôtel de l'Europe. Séville (100,000 habitants) se trouve au milieu d'une riche plaine sur le bord du Guadalquivir. C'est une cité ornée de magnifiques promenades, de places plantées de gigantesques palmiers. A certains moments de la journée, l'animation dans la rue la plus fréquentée, la *calle de Sierpes*, est unique. On va, on vient ; on entre par ci par là. Ici, des gens de la campagne avec leur vêtement aussi court qu'un gilet un pantalon collant, le chapeau large ; là, les riches citadins avec le chapeau haut de forme ; la Sévilienne, gracieuse, marchant avec distinction, sa mantille sur la tête. Je suis arrivé à Séville le matin de la Pentecôte, et j'ai entendu une messe en musique admirablement éxécutée à la cathédrale, c'est-à-dire dans l'un des plus beaux monuments de l'univers. Un orgue immense accompagnait les chanteurs ; les chanoines, en costume violet (par privilège), donnaient à la cérémonie un air imposant. Le chœur était orné de gros in-folios *plano*, écrits sur un parchemin au XVIᵉ siècle et enluminés de lettres d'or. La cathédrale de Séville est ce que j'ai vu de plus étonnant, en fait de cathédrale gothique. Elle est immense dans toutes ses proportions. Dans une chapelle, j'ai vu le saint Antoine de Padoue, de Murillo, C'est une toile qui défie toutes les descriptions. On brûlait, jadis, dans la cathédrale de Séville 20,000 livres de cire par an. On y célébrait, sur 80 autels, 500 messes par jour ! Le vin qui se consommait dans le sacrifice divin allait à 10,750 litres. Les chanoines venaient à l'église dans des carrosses traînés par de superbes chevaux et se faisaient éventer par des clercs, pendant qu'ils disaient la messe, avec des éventails de plumes et de perles, droit qui leur avait été concédé par le Pape. Il est inutile de parler des fêtes de la semaine sainte à Séville. Elles sont célèbres dans tout l'univers. J'ai remarqué dans la cathédrale de Séville, tant de tableaux de maîtres, que leur liste serait trop longue. Cette cathédrale est un musée. Derrière le chœur, on montre une dalle portant une inscription en mémoire de Fernand Colomb, fils de l'illustre Christophe Colomb, né à Cordoue, mort à Séville en 1556. Une cour plantée de grands orangers est attenante à la cathédrale. Quelques lignes sur le clocher de la cathédrale appelé la *Giralda*. C'est une tour carrée, en style arabe, qui excite l'admiration. Elle a été bâtie il y a près de neuf siècles, par l'arabe Huver. Une statue colossale la couronne et tourne à tous les vents, comme une girouette. Ce clocher a vingt-quatre cloches ; sa hauteur totale est de 350 pieds. Je suis monté dans cette célèbre Giralda (le clocher) par trente-cinq rampes à pans si inclinés qu'un cheval peut les gravir. En haut de la tour, panorama immense sur les environs de Séville. A l'horizon, la Sierra Morena, Séville avec ses rues tortueuses, ses clochers ; çà et là, des palmiers, dans un beau ciel bleu-outremer, des orangers, des lauriers roses, des cyprès, etc. Coup d'œil magique ! Près de la cathédrale, la *Bibliothèque colombine*, fondée par Fernand Colomb, fils du fameux Christophe (1539). Elle conserve, dans une vitrine, un bien curieux volume, c'est-à-dire un imprimé annoté de la main du même Fernand Colomb, sur les marges, d'une écriture ronde, un peu droite. Allons au Musée des Beaux-Arts. C'est la réunion des dix grands tableaux, chefs-d'œuvre de Murillo. Ce Musée ne compte que 187 toiles; mais quelles toiles ! Il y en a pour des millions. Une dépendance de ce musée renferme les antiquités romaines. Don Manuel de Campos y Munilla, directeur du musée archéologique, homme du monde, charmant, sévilien des plus distingués, nous en a fait les honneurs avec une amabilité que je n'oublierai jamais. Il m'a expliqué lui-même chaque monument antique et m'a fait placer mon nom sur la liste des notabilités scientifiques qui ont visité ce musée, en divers temps. J'ai remarqué, sur une page spéciale de cet album, plusieurs lignes de la main du prince royal de Prusse. Il a une écriture droite qui ressemble à notre paléographie du xvie siècle. Après le Musée, je visite l'Alcazar, ancien palais des rois Maures. Il est parfaitement conservé. Rien n'égale la magnificence du salon dit des Ambassadeurs, décoré en azur, en vermillon et en or. De l'Alcazar, dépend un beau jardin planté de nombreux orangers. J'ai vu, là, un oranger dont le tronc est fort gros. Il n'a pas moins de cinq cents ans étant du temps de Pierre-le-Cruel.

Séville est la ville où se donnent les courses de taureaux les plus brillantes d'Espagne. Comment parler de l'Espagne sans parler d'une course de taureaux ! J'ai vu une course de taureaux à Madrid. Figurez-vous 10,000 personnes de toutes conditions et de tous âges, assises dans les loges et gradins d'un cirque. L'huissier, vêtu d'un costume moyen-âge, tout noir, se présente sur un superbe cheval andalou et s'arrête devant la loge du gouverneur, auquel il demande la clef de la loge où sont enfermés les taureaux. Dès qu'il l'a reçue, il salue le public. Les *espadas* marchent en tête, suivis de *chulos, banderillos*, avec des costumes étincelants ; les *picadores* avec la pique au poing. Le clairon sonne, le taureau s'élance dans l'arène ; il se précipite sur les chevaux. Les chulos détournent son attention au moyen de draperies de couleur. Il fond sur eux ; mais il va toujours droit devant lui; ceux-ci sautent et évitent le coup. Les *banderillos* s'élancent alors, plantent des harpons de fer dans les épaules du taureau qui mugit, creuse le sol, soulève des flots de poussière, secoue avec rage son cuir ensanglanté. L'espada sollicite, enfin, du gouverneur, l'autorisation de tuer le taureau ; avec un courage et une adresse remarquables, il lui plonge jusqu'à la garde, par derrière les cornes, son glaive, au défaut de l'épaule. Alors, les spectateurs battent des mains, se livrent à tous les excès de la joie. Ils jettent au *matador* leur chapeau, des cigares. D'une main sûre, le cachetero donne le coup de grâce. L'orchestre retentit. Trois mules entraînent au galop les chevaux morts et raidis sur le sable. La foule s'écoule.

Parlons, maintenant des sévilliennes. Elles justifient, en général, leur réputation de beauté. Elles se ressemblent presque toutes, ainsi que cela arrive, dans les races pures et d'un type mauresque. Leurs yeux fendus jusqu'aux tempes, frangés de longs cils bruns, ont un effet de blanc et de noir inconnu en France. Les Andalous traduisent cet effet en disant que ces *yeux dansent*. La finesse de la taille, la petitesse des mains et des pieds ne laissent rien à désirer. Sans exagération poétique, on trouverait à Séville des pieds de femme tenant dans la main d'un enfant. Un certain nombre de sévilliennes conservent encore la mantille sur la tête ; mais la plupart des dames élégantes portent des chapeaux modernes. Quant aux hommes, ils sont habillés comme à Paris. Quelquefois, ils portent de petites vestes avec le pantalon, la ceinture rouge et le chapeau andalou ; mais cela est rare. Pendant mon séjour à Séville, j'ai visité les ruines romaines célèbres d'*Italica*, à 5 kilomètres de la ville. Elles sont situées à côté du village de *Santi Ponce*. On sait qu'Italica, fondé par Publius-Cornélius Scipion, a donné naissance aux empereurs romains Trajan, Adrien, Théodose. J'ai vu, là, sur un monticule, au milieu des oliviers et placés profondément dans la terre, les restes bien conservés d'un magnifique amphithéâtre romain. On y remarque encore les cages où l'on enfermait les bêtes féroces, les loges des gladiateurs. Tout le monument est bâti en briques. Les gros murs extérieurs étaient construits en ciment avec des cailloux roulés dans la pâte. Italica a été longtemps la carrière de Séville. On voit au musée archéologique de Séville, des statues de marbre blanc, des inscriptions provenant d'Italica. Il y a aussi un très beau buste en marbre, venu d'Italica, et des antiquités dans le palais San-Elme, à Séville, à S. A. le duc de Montpensier. Puisque j'ai nommé le palais San-Elme, à Séville, je dois dire que c'est un logis des plus vastes, avec un grand et beau jardin. Je termine par quelques détails sur Séville. D'abord, toutes les belles maisons ont des *patios* ou cours ornées de colonnes et richement allumées le soir. Beaucoup possèdent de ravissantes fontaines en marbre. J'ai été présenté dans la famille Huidébro, où j'ai admiré le luxe d'un immense salon décoré de tableaux de Murillo et autres grands maîtres. Parmi les savants que j'ai eu l'honneur de voir et qui m'ont fait accueil à · Séville, je citerai Don Ascencio y Toledo, bibliophile. Il est président provincial de la députation et possède une précieuse bibliothèque. A l'hôtel où j'étais logé (*Fonda d'Europa*), j'ai relevé, sur un vieux livre de comptes de la maison, qu'en 1846 Alexandre Dumas, père, et Desbarroles (le chiromancien bien connu), ont logé à cette résidence. A Séville, on aime les fleurs. Partout, on aperçoit des œillets énormes, inconnus en France par leur grosseur. Dans tous les cafés de Séville, l'usage est celui-ci : pour appeler le garçon, on tape des deux mains. J'ai remarqué que les marchands de meubles se qualifient généralement d'antiquaires. Ils ont le monopole des vieux bahuts, étoffes anciennes, etc. J'ai pu voir de grandes tentures fort riches du xvie siècle, en velours, brodées d'or, au prix de 250 francs, ce qui vaudrait 1,000 francs, au moins, en France. Ah ! par exemple, voici une recommandation, que je ferai sur Séville. Venez voir la capitale de l'Andalousie en avril ; c'est le plus beau moment. Ne venez pas, comme moi, en mai. J'ai ressenti, pendant ce dernier mois, à Séville, des chaleurs sénégaliennes. Pendant le jour, la température est atroce. La ville est une fournaise, quoique les rues principales soient tendues de toiles pour protéger de l'ardeur du soleil. Fort heureusement, les nuits sont belles et fraîches ; aussi la population se promène-t-elle en masse. Jusqu'à deux heures du matin, on entend, dans les rues, un brouhaha incroyable. De tous côtés, on boit à qui mieux mieux. Mais si les nuits sont belles à Séville, au mois de mai, que de courage il faut pour endurer les piqûres des moustiques qui, dans votre lit, vous accablent de morsures. Le thermomètre marquait près de 40 degrés de chaleur. Je prends la voie ferrée. Le long du chemin, des palmiers ; pour bordure, des aloès partout, d'une force extraordinaire et portant des tiges de deux mètres environ, avec leurs fleurs prêtes à s'épanouir. Dans la campagne, des oliviers ; par ci par là, de ces magnifiques chevaux d'Andalousie qui paissent tranquillement. Après cinq heures de chemin de fer, l'aspect du paysage change. Le terrain n'est guère planté d'arbres ; bientôt, de nombreuses salines. J'aperçois, dans le lointain, une ligne bleue, — la mer. Nous traversons une langue de terre fort étroite ; de chaque côté, la mer, les flots qui viennent caresser la plage. Voici Cadix ! La charmante ville (70,000 habitants) a l'air d'une île en plâtre. C'est une grande terre blanche au milieu de la mer, un des plus gracieux et des plus extravagants caprices humains. Les rues sont d'une longueur inouïe, droites, mais étroites ; les maisons sont hautes avec une prodigieuse quantité de fenêtres à balcons et des fleurs partout. La cathédrale est construite dans une architecture noble et hardie. Le musée renferme quelques beaux tableaux de Zurbaran. Les places de Cadix sont petites, mais couvertes de verdure. Je n'ai jamais vu de ville aussi propre, aussi coquette, aussi gracieuse que Cadix. J'ajouterai que, l'hiver, le thermomètre ne descend presque jamais au dessous de 6 degrés de chaleur et l'été il est rare qu'il monte au-dessus de 30 degrés. A Séville, j'étais accablé par la chaleur. A Cadix, je ressentis bientôt, malgré la saison chaude, la brise de mer rafraîchissante. Les gaditains aiment le luxe et la magnificence. Ils sont passionnés pour le plaisir. Les blondes, à Cadix, sont, peut-être, les plus ravissantes blondes qui existent. J'ai pu assister, à Cadix, à un concert du soir, donné sur la place de Mina. J'étais émerveillé, à chaque instant, des têtes féminines qui apparaissaient. C'était presque un tableau féérique. Je repris le chemin de Cadix à

Madrid. La nuit arrive ; nous traversons la Sierra Morena ; bientôt, la température accablante du jour, devient presque froide, résultat de l'altitude. Sur le bord de la voie, j'aperçois des gendarmes, dans les passages les plus sauvages de la Sierra. Je revois Madrid et je prends la voie ferrée de Saragosse à Barcelone Après une heure de chemin de fer, le pays devient désert, aride. Nous traversons des vallées sauvages garnies de rochers; les paysans ont d'anciens costumes qui sont typiques.

Par un beau clair de lune, j'aperçois, en passant, Saragosse et la fameuse tour penchée, construite en 1551, et qui a 84 mètres de haut. Je vois l'immense basilique, élevée en 1661, et dans laquelle est conservée *Nuestra senora del Pilar* (Notre-Dame-du-Pilier), image vénérée, l'une des plus célèbres du monde entier. Le jour succède à la nuit ; et, par une matinée, je passe devant le fameux Montserrat, à une heure de Barcelone, où je ne cesse de regarder les curieuses roches dentelées. C'est un ensemble de cônes immenses. Dans le bas, des pins, des chênes-liège, des genevriers, des arbousiers. Ici, des précipices effrayants; là, des gorges profondes. Dans l'échancrure du mont, je vois l'antique couvent des bénédictins, où Ignace de Loyola médita pendant sa jeunesse. Il vient, par an, 50,000 pèlerins pour visiter les grottes et le couvent de Montserrat.

La voie ferrée descend et j'arrive à Barcelone. Toute la campagne est semée de villas, de fabriques, d'usines. Barcelone est la plus grande et la plus commerçante ville de l'Espagne. De grands édifices modernes, de longues rues, des places régulières, des boutiques par milliers, de vastes et brillants cafés, un mouvement comme à Paris, des voitures, des tramways donnent à cette cité un grand air. J'étais logé dans l'un des plus beaux hôtels de Barcelone, sur la *Rambla*, c'est-à-dire sur un long et large boulevard planté de grands arbres, qui coupe la ville en deux parts : le port est à l'extrémité. Ce port, le premier de l'Espagne, est rempli de navires. Un grand faubourg, presque une seconde ville, s'étend au nord de Barcelone ; et de tous côtés, des maisons neuves. La cathédrale de Barcelone est fort belle. Elle renferme trois vastes nefs. Sous le sanctuaire, chapelle souterraine, toujours illuminée, où l'on voit la tombe de sainte Eulalie.

Barcelone célébrait la Fête-Dieu. On m'avait beaucoup parlé de la grande procession du *Corpus Christi*, de Barcelone. Dans la soirée, les rues et la *Rambla* par lesquelles doit passer la procession, sont remplies d'une foule croissante. Les fenêtres sont garnies de draperies rouges, jaunes ou bleues. La procession se met en marche à 6 heures du soir. Les divers régiments sont échelonnés sur le parcours du cortège. Ici, les lanciers ; là, les cavaliers ; l'infanterie fait la baie. Bientôt, le canon tonne. La procession est tout ce qu'il y a de plus officiel. Elle s'ouvre par deux immenses géants ou plutôt deux poupées portées par des hommes cachés sous les vêtements de ces dernières. L'un de ces géants représente un roi avec un costume antique et un manteau en velours rouge ; l'autre une femme, vêtue à la moderne, avec une robe en satin bleu et des gants jusqu'à la moitié des bras. Derrière les deux géants, des timbaliers, vêtus à l'antique et portant une perruque blanche. Puis une série de splendides croix, de bannières, les corporations, les paroisses, etc., etc. Enfin, le Saint-Sacrement.

Je ne veux pas terminer sans dire un mot des danses d'Espagne. Les Espagnols aimèrent toujours la danse et s'y distinguèrent par leur légèreté et leurs grâces. Les danses nationales sont, aujourd'hui, reléguées dans la campagne. Ces trois danses sont le *fandango*, le *boléro* et les *seguidillas*. La *manolà*, qui faisait jadis le plus bel ornement des fêtes populaires de Madrid brillait, tout particulièrement, dans le *Fandango* qui est fort peu dansé aujourd'hui. On lui a substitué le boléro, lequel ne remonte qu'à l'an 1780. Les seguidillas sont une imitation des pas des deux premières danses, qu'on exécute en forme de contredanse. Toutes ces danses s'exécutent au son de la guitare et, souvent, des castagnettes.

Il faut, enfin, parler du caractère des Espagnols. L'Espagnol est généralement fier ; mais cette fierté, que l'on confond à tort pour de l'orgueil, donne à son âme un sentiment de noblesse, d'élévation et d'estime de soi-même qui le prévient contre les bassesses. Il est brave (ses ancêtres le furent toujours), sobre, discret, adroit, patient dans l'adversité, lent à se déterminer, mais fidèle à son roi, charitable, excellent ami et plein d'honneur, grave dans son maintien, ennemi de la médisance, vif et spirituel, Comme soldats, les Espagnols comptent, actuellement parmi les meilleurs d'Europe. Je ne saurais assez vanter. l'officier espagnol. Tous ceux que j'ai rencontrés sont gracieux, avenants, très distingués, et parlent le français. Mon voyage s'achève. Je suis rentré en France par Perpignan. Laissez-moi vous dire que la patrie de Caldéron, de Cervantès, de Sainte-Thérèse a conservé ses traditions. Allez visiter l'Espagne.

EN AFRIQUE (d'Alger au Sahara) (en 1889). — Arrivé à Marseille, je prends le magnifique bateau à vapeur de la Compagnie transatla n ique l'*Eugène Pereire* qui, en 26 heures, nous transporte à travers la Méditerranée, à Alger.

Alger (150,000 habitants) présente un coup d'œil féérique vu
de la mer. La ville étagée en amphithéâtre, le splendide boulevard de la République (1 500 mètres), les coteaux toujours verts
de Mustapha, le curieux quartier arabe avec ses maisons mauresques, le climat, l'hiver, la vie à bon marché, font, de cette
capitale, un séjour unique, après Paris. Le golfe d'Alger est
merveilleux. On prétend qu'il rappelle celui de Naples ; et de
fait, son horizon, du côté du cap Matifou, offre un coup d'œil
grandiose : Au loin, à 70 kilomètres, on aperçoit les montagnes
de la Kabilie, couvertes de neige en hiver. Visitez, à Alger, le
musée archéologique, à Mustapha supérieur ; montez la rue
de la Kasbah, si originale avec ses escaliers et les constructions
mauresques primitives des alentours. Prenez une voiture de
place ; faites-vous conduire à St-Eugène où sont bâties les nombreuses et belles villas appartenant à de riches familles ; de là,
poussez jusqu'à la pointe Pescade, en n'oubliant pas de visiter,
avant d'arriver (sur votre droite et le bord de la mer), le fort
romain bâti en briques. Revenu à Alger, promenez-vous en voiture, sur les hauteurs de Mustapha supérieur. Passez sur le
boulevard Bru, d'où le coup d'œil, sur Alger et les environs,
est peut-être unique ; descendez à la Fontaine-Bleue ; poussez
jusqu'au jardin d'Essai où vous verrez des palmiers dans toute
leur vigueur, des roses odoriférantes en plein hiver, quelques
autruches dans un coin du jardin. Enfin, une autre promenade,
fort recommandée, est celle de la route des Aqueducs. Tout le
long de la voie, villas des plus riches et de divers styles ; vue
admirable sur la mer ; et surtout, le coteau enchanteur de Mustapha. Admirez la végétation, si riche, si belle et si verte, même
aux plus vilains jours de décembre. Si le temps vous le permet, dirigez-vous, par la route de Mustapha, jusque sur les
hauteurs du bois de Boulogne. Enfin, le soir, promenez-vous
sur le boulevard de la République et remarquez sur la mer, les
effets de lumière des nombreux phares. Si la lune éclaire le
spectacle, le coup d'œil vous paraîtra d'un effet dramatique.
Nous n'indiquons, bien entendu, que les principales curiosités
d'Alger ; car celui qui pourra y séjourner quelques jours, sera
charmé des agréments multiples de cette capitale, agréments
tellement nombreux qui font dire qu'Alger est le séjour le plus
enviable.

Prenons la voie ferrée, à 6 heures 35 du matin. Nous serons
à Constantine à minuit. Après Sidi-Brahim (185 kilomètres), le
train pénètre dans une des parties les plus accidentées de la
ligne. La voie est resserrée entre de grands rochers qui pren-
nent l'aspect de grandes murailles. Deux brèches offrent, seules

un passage : ce sont les *portes de fer*. Nous arrivons, ensuite à
Sétif (308 kilomètres), ville située dans une immense plaine, à
1,074 mètres d'altitude, occupée, pour la première fois, par
l'armée française, en 1839. C'est l'ancienne *Sittifa* des Romains.
On a réuni, sur la promenade d'Orléans, quelques antiquités
romaines. Nous voici à Constantine (464 kilomètres d'Alger),
590 mètres d'altitude. Il y a, ici, 45,000 habitants, dont 25,000
musulmans. La ville, assise sur un énorme rocher, à pic, est
entourée, du côté de la gare, par l'épouvantable précipice dans
lequel coule le Rhummel. Le pont d'El-Kantara est jeté sur ce
ravin, à près de cent mètres de hauteur. On est saisi d'effroi en
regardant en bas. A l'entrée étroite de ce précipice, le pont du
diable qui, certes, est bien placé pour la cour de Satan. Près de
ce pont, une inscription antique gravée sur le rocher, rappelle
les deux martyrs chrétiens, Jacques et Marien, torturés à Constantine et massacrés à Lambèse, au milieu du Troisième Siècle.
Nous montons par la rue Nationale, en apercevant quelques
restes des murs romains de l'ancienne *Cirta* (Constantine). Nous
descendons au square, où sont des inscriptions romaines ; nous
passons devant le beau théâtre moderne sur la place de la brè-
che par laquelle notre courageuse armée entra dans Constantine, lors du siège célèbre de 1837. Montons visiter le petit musée archéologique ; les casernes de la Kasbah et leurs immenses
citernes romaines ; et descendons aux cascades du Rhummel,
d'où le rocher, à pic, s'élève à 240 mètres. Non loin de Constantine, les restes intéressants du magnifique aqueduc romain qui
amenait l'eau potable dans cette ville. On s'y rend par la route
de Sétif. On peut encore visiter le curieux cimetière arabe et
monter au Coudiat-Ati, d'où la vue est vraiment splendide de
toutes parts. Vous pourrez descendre dans la ville arabe et revenir par le quartier israélite. Visitez les marchés indigènes
qui ressemblent un peu à ceux de Tunis et, enfin, la belle cour
du palais du général qui est l'ancienne demeure du Dey de
Constantine.

Prenons le chemin de fer de Constantine à Batna. Le pays
offre un aspect inculte et inhabité ; çà et là, quelques rares
constructions de colons. Nous trouvons des lacs salés exploités
par les Arabes. En hiver, il y séjourne une foule d'oiseaux. Les
amateurs de chasse au marais pourront y faire une halte
intéressante. Près de la station d'Aïn-Yagout, à 4 kil. et demi,
le *Madr'acen* ou tombeau de *Syphax*. C'est un monument que
les savants disent renfermer les restes de *Micipsa*, roi de Numidie (mort 118 ans avant Jésus-Christ) ; mais ce sépulcre doit
remonter beaucoup plus haut. Il se compose d'une base circu-

laire supportant une série de 24 cylindres en pierre qui décroissent successivement. La plate-forme supérieure a 11 mètres 40 centimètres de diamètre ; le gradin inférieur a 58 mètres 66 cent. de diamètre et supporte 60 colounes. Nous arrivons à la ville de Batna (119 kilomètres de Constantine), I,025 mètres d'altitude, dont le nom arabe veut dire *bivouac*. Ce lieu ne remonte qu'à 1844, et fut créé, à cette époque, après lexpédition commandée par le duc d'Aumale. C'est le chef-lieu d'une subdivision militaire. Les rues sont larges, droites et tracées au cordeau ; les habitations ont un seul étage. Un mur d'enceinte, percé de meurtrières et de quatre portes entoure la ville où l'on voit de belles casernes. Batna est placé au milieu d'une plaine en forme de cirque, dominée, du côté de l'ouest, par la montagne des cèdres (2,400 mètres), dont les arbres sont plusieurs fois séculaires. La forêt des cèdres n'a pas moins de dix mille hectares. En 1888, les criquets ont traversé la région de Batna, où ils ont commis de grands ravages. Leur nombre prodigieux arrêta même le service de la voie ferrée sur laquelle ils s'étaient précipités. Au sud-est de la ville, dans les montagnes, il y avait, avant notre conquête de l'Algérie, beaucoup de lions et même des panthères. Le ravin du lion, près de Batna et de Lambèse, a conservé le souvenir du séjour de ces animaux féroces, qui n'ont pas encore complètement disparu de la contrée.

Montons en voiture particulière, de bon matin, et rendonsnous, à 11 kilomètres de Batna, à Lambèse, puis à Thimgad. La ville de *Lambœsis* (aujourd'hui Lambèse, appelée aussi *Lambessa*) est, pour l'archéologue, une vaste ruine du plus haut intérêt. Elle avait 2 kilomètres et demi de longueur et 1 kilomètre de largeur, soit 250 hectares. Le tout formait une espèce de triangle. De nos jours, on y voit des briques à rebords, des débris de colonnes et de mosaïques, des pierres taillées un peu partout et, enfin, une maison centrale de détention, où Napoléon III fit enfermer les hommes politiques, dont il se débarrassa lors de son coup d'Etat (1851). Tachons d'énumérer très rapidement, les principales curiosités de Lambèse. Tout d'abord, disons que cette ville fut fondée par la 3e Légion Auguste. Des centaines d'inscriptions ont été retirées du sol.

Actuellement, on voit à Lambèse, le camp de la 3e Légion Auguste, rectancle de 420 mètres de largeur, sur 500 de longueur, orienté du Nord au Sud. Et puisque nous parlons de cette légion disons qu'elle se trouva au siège de Jérusalem par Titus (79 ans après J.-C.). Au centre du camp, le prétoire (*prœtorium*), édifice bien conservé et le plus imposant de Lambèse, centre principal de la vie militaire, représentant un rectangle découvert, élevé en pierres de taille, d'un aspect rougeâtre, de 23 mètres 30 de côté sur 30 mètres 60. Il fut restauré en 268, à la suite d'un tremblement de terre. Près de ce monument étaient placées des constructions qui ont, aujourd'hui, disparu et qui servaient de résidence au gouverneur de la Numidie. A droite du *prœtorium*, dans le camp, restes de vastes thermes où l'on remarque le système de chauffage sous de légères voûtes soutenues par de petits piliers en briques. Hors du camp, à gauche, quelques débris de l'arc de triomphe élevé à l'empereur Commode ; plus haut, à droite, l'amphithéâtre, dont les gradins ont été enlevés pour servir à la construction de la maison centrale de Lambèse ; le grand arc mesure 104 mètres ; son arène contenait 12,000 spectateurs ; plus haut, encore, l'arc de triomphe élevé à l'empereur Septime Sévère ; et, tout auprès, les ruines de la maison dite du *légat* ; au-dessus, ruines du temple d'Esculape ; plus loin encore, ruines du temple de Neptune. On voit aussi, à Lambèse, les restes de deux forums contigus, entourés des ruines de leurs portiques et d'une colonnade. Près du forum, un grand édifice, un temple, dit-on, consacré aux trois principales divinés de l'Olympe. Il existait, autour de Lambèse, plusieurs nécropoles ou cimetières. Le plus étendu occupait une surface d'environ 15 hectares. Son emplacement est encore littéralement jonché de tombeaux. Dans le *prætorium*, on a réuni des débris de statues, des inscriptions, et l'on trouve une foule de cippes (tombeaux) dans une cour de la Maison centrale ; du reste, tout le village de Lambèse en renferme un peu partout, de ci de là. Visitez le fragment de la belle mosaïque des quatre saisons dans le jardin de la Maison centrale. Une autre curiosité de Lambèse est celle de cinq mûriers poussant l'un à côté de l'autre, et que l'on dit remonter à l'époque romaine. En juin 1865, Napoléon III se rendit à Batna et fit une visite aux ruines de Lambèse. Suivons, maintenant, la route qui, de Lambèse, conduit aux ruines de Thimgad. Nous passons, bientôt, devant l'arc de Markouna, que l'on peut considérer comme une porte de ville donnant accès dans un faubourg de Lambèse. Il conserve encore, des deux côtés, une belle inscription en l'honneur d'Antonin. Le pays devient sauvage, sans arbres, d'une tristesse mortelle ; horizons immenses, bornés par des montagnes lointaines. A 22 kilomètres de Batna, une maison de cantonnier qui soulage le cœur dans cet aride pays. Plus loin, même aspect. Enfin, à 36 kilomètres, à droite de la route, une colonne romaine, enfoncée en terre, sur laquelle on lit ces mots : *Ministère de l'Instruction publique et des Beaux-Arts. Monuments historiques. Ville romaine de Thamugas 2 kilomètres 500.* Nous apercevons maintenant, au loin, à mi-côte, dans la plaine, une ville en ruines. A gauche, des colonnes blanches ; à droite, un monument rougeâtre : c'est *Thamugas.* Nous traversons un tout petit ruisseau. La piste est assez mal tracée. Nous montons et marchons sur des milliers de débris romains : briques à rebords, poterie rouge dite samienne, que les Romains appelaient aussi *terra campana.* Bientôt, nous sommes transportés d'admiration à la vue de ce qui a été mis à nu de la ville où nous arrivons.

Un gardien indigène (un ancien spahis) se présente à nous et tâche de nous expliquer, tant bien que mal, les fouilles qui sont devant nos yeux.

Thamugas, aujourd'hui *Thimgad*, fondé sous Trajan, nous apparaît avec son étendue couvrant un espace considérable. Le sol est partout jonché de milliers de pierres de taille levées, enfoncées sous terre et qui sont les restes des murailles des constructions encore inconnues. En avant, une porte de la ville assez bien déblayée ; en haut, une colonnade de grande longueur, placée tout le long d'une voie admirablement dallée. Les trottoirs de cette voie sont dans un état parfait de conservation ; les pierres de celle-ci ont des rainures (ornières) dans lesquelles les roues des chars s'emboîtaient comme celles de nos tramways ; du moins, ces rainures ont-elles été faites par l'usure des roues et respectées. Au bout de la voie, très bel arc de triomphe élevé à Septime Sévère. Il est orné de colonnes fort riches et conserve une statue dans une niche. Le long de la voie, des fontaines avec leurs bacs carrés. Le forum placé à gauche en arrivant, est une merveilleuse place publique dont les dalles sont d'une richesse et d'une grandeur incroyables, comme aussi d'une conservation qui étonne. On y remarque la tribune aux harangues avec l'escalier pour y monter ; et, sur le bord de la voie publique, des boutiques dont les murs étaient décorés de marbres. On ne voit, à Thimgad, aucunes peintures murales, contrairement à l'usage ; car les Romains enduisaient les murs des habitations de peintures, en général rouge-vermillon, et leurs demeures les plus riches avaient des sujets mythologiques ou des paysages. Au milieu du dallage du forum, une rose d'orientation, un cadran solaire. Près du forum. de vastes latrines publiques où l'on distingue deux dauphins sculptés. A côté du forum, adossé à un monticule, le théâtre conservant un grand nombre de ses gradins et sa colonnade, ses chapiteaux corinthiens. Il a été parfaitement déblayé. A droite du théâtre, les restes du Capitole ; au devant, celles d'un temple

(4 colonnes restent debout), qui était un sanctuaire à Jupiter Capitolin. Au sud du Capitole, ruines d'une basilique chrétienne du temps de Constantin. Remarquons le marché (*macellum*) avec les boutiques des vendeurs. Plus loin, dans la plaine, un immense fort byzantin (120 mètres de long), construit en grandes pierres de taille et qui contenait, sûrement, plusieurs milliers de soldats.

Avant 1881, les ruines de Thamugas étaient peu connues. Les fouilles entreprises à cette époque par l'Etat sont un beau commencement, qui donne une idée de la ville ; mais ce n'est pas la centième partie à faire. Il faudrait bien un million pour mettre à jour une bonne partie de la cité antique. Depuis 1889, date de notre visite à Thimgad, de grandes fouilles et découvertes ont été faites par l'Etat.

Nous avons visité trois fois les ruines de la célèbre ville romaine de Pompéï, près de Naples (Italie) ; or, après Pompéï, il n'y a pas de plus belle ville romaine, enfoncée sous terre, que celle de Thamugas. La ville de Thamugas et celle de Lambèse ont été détruites une première fois, au milieu du V° siècle, lorsque les Vandales chassèrent les Romains ; reconstruites en partie, elles furent renversées, une seconde fois, lors de l'invasion de l'Aurès par les Arabes en Afrique, à la fin du VIIe siècle. Ces ruines que nous admirons, gisent donc sous terre depuis près de quinze siècles. Je les ai visitées au commencement de février 1890.

De Batna, nous reprenons la voie ferrée pour Biskra. Le paysage est fort triste ; le pays uniforme ; pas un seul arbre.

Des chamaux sont sur la route portant de grands sacs ou montés par des indigènes. De temps en temps, on aperçoit des tentes misérables, où résident des Arabes. L'hiver, ils descendent dans la plaine ; l'été, ils remonteront dans les montagnes. En haillons, ils se montrent autour de leurs pauvres logis qui sont entourés tout simplement de clôtures en branches sèches, au-devant desquelles sautent de jeunes enfants. Deux heures et demie après notre départ de Batna, nous arrivons à *El-Kantara.* Tout d'un coup, la locomotive traverse un tunnel au milieu d'une gorge pittoresque. Et quelle n'est pas notre surprise en apercevant, à la sortie de la voûte, un village très primitif, bâti en terre, presque adossé à la montagne ! A la suite de ce village, paraît une oasis ravissante, couverte de milliers de verts palmiers, qui présentent l'aspect d'un jardin enchanteur. La vue devient, maintenant, grandiose ; des parties arides alternent avec des contrées fertiles. Le pays est littéralement couvert de chameaux. Les uns paissent tranquillement ; d'autres traversent la contrée couverts de marchandises. Deux heures après. nous arrivons à la gare de Biskra.

Biskra, reine du Sahara, est placé au milieu de centaines de mille de palmiers dattiers, sous un climat délicieux. L'hiver les étrangers y viennent passer la froide saison. Biskra n'est plus, avec la vapeur, qu'à 60 heures de Paris. Ce lieu offre un aspect curieux avec sa population mêlée qui passe et repasse : spahis avec leur beau manteau rouge et leur allure décidée ; jeunes enfants avec leur teint brun doré ; touristes avec leurs costumes modernes. De Biskra, on aperçoit le grand désert. Le fond resssemble à la mer bleue et produit souvent, des effets de mirage. Le Sahara ou grand désert apparaît, ici, avec ses belles oasis de palmiers, spectacle bien fait pour transporter d'admiration un artiste.

Le désert n'est pas ce que l'on croit, ce pays stérile que l'on entrevoit en France. C'est un espace poétique avec ses oasis et son beau ciel. Le soir, la voûte céleste se colore, à Biskra, de teinte jaune-d'or ou vert-émeraude qui vous enchantent. Les montagnes paraissent, alors, d'un rose tendre qui fait le charme des nombreux peintres attirés dans cette partie méridionale de de notre colonie africaine. Au sud de Biskra, *Tougourt* (4.500 babitants), capitale de l'Oued-Rir', à 204 kilomètres, en plein désert. Depuis 1856, la région de l'Oued-Rir' a été l'objet de merveilleux forages de puits artésiens. qui ont permis de créer des oasis dans un pays jusqu'alors réputé stérile. Au 1er octobre 1885, l'Oued-Rır' possédait 114 puits jaillissants français et 492 puits jaillissants indigènes. En 1887, l'Oued-Rir, comptait 43 oasis et environ 520.000 palmiers-dattiers en plein rapport et 100.000 arbres fruitiers. La production annuelle en dattes représente une valeur de plus de 2 millions 1/2 de francs.

Grâce au courrier, on peut aller à Tougourt en 2 jours. Le trajet (aller seulement) ne coûte que 50 francs, malgré les 204 kilomètres de distance. Tougourt est la ville du désert par excellence. Je ne saurais assez conseiller aux touristes curieux de la visiter.

SOUVENIRS

DE

MA VIE

(1840-1906)

Ambroise TARDIEU

D'après la photographie faite à Alger, le jour de la grande cavalcade d'Alger
a travers les âges, qu'il a organisée et dirigée, le 11 février 1899.

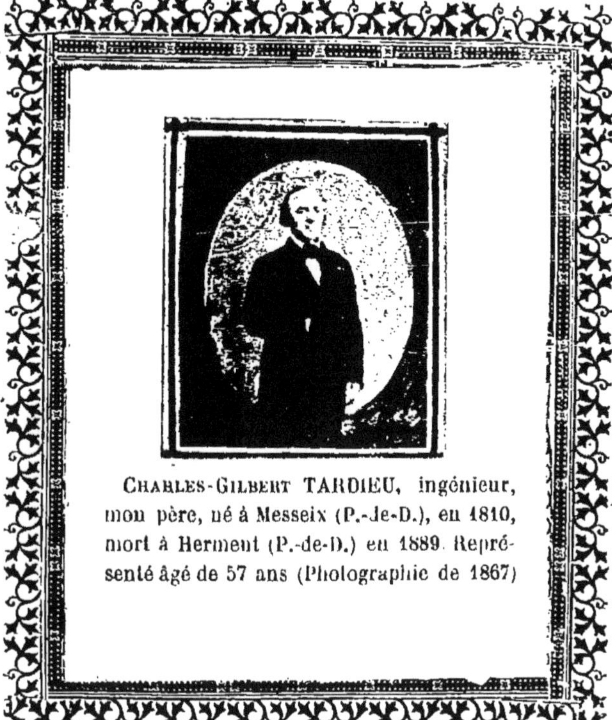

Charles-Gilbert TARDIEU, ingénieur, mon père, né à Messeix (P.-de-D.), en 1810, mort à Herment (P.-de-D.) en 1889. Représenté âgé de 57 ans (Photographie de 1867)

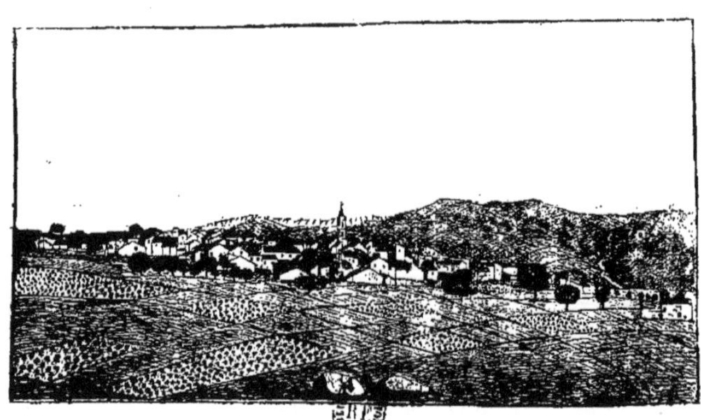

SAINT-ÉTIENNE-LES-ORGUES (Basses-Alpes)
Chef-lieu de commune où mon grand-père Joseph TARDIEU et né en 1781,
berceau de ma famille, depuis 1560

(Ci-dessus son portrait peint en 1789)

Cette femme admirable, merveille de charité, est ma bisaïeule maternelle. Mariée, en 1781, à Michel HUGON, notaire royal, à Rochefort-Montagne (P.-de-D.), mort en 1840, elle naquit à Aurières (P.-de-D.) et y mourut en 1835. Sa grand'mère maternelle Marie MAZUEL, mariée, en 1701, à Alexis LOURDON, chatelain (bailli) de Vernines, notaire royal, était la cousine de l'illustre MOLIÈRE, dont la mémoire est immortelle. La grand'mère de Molière était une Mazuel. Ces Mazuel existaient à Aurières, leur berceau, dès 1490, où l'un d'eux, Antoine Mazuel, était alors notaire.

AVANT-PROPOS

ES SOUVENIRS, *émaillés d'une suite chronologique de faits qui s'étendent de 1840 jusqu'à nos jours, n'ont pas pour but la glorification d'un littérateur. C'est la vie modeste d'un homme de lettres qui, pendant plus de 40 ans, s'est efforcé avec un grand courage d'écrire les annales de son pays natal, n'ayant*

5

jamais voulu remplir aucune fonction d'Etat, s'étant tenu constamment éloigné de tout ce qui enlève à l'homme sa liberté et son indépendance. Ces pages mettent au jour des dates et des faits concernant, surtout, notre belle et chère Auvergne et font revivre, peut-être, ses usages d'antan en même temps que nombre de ses enfants qui dorment dans le sommeil de l'Eternité. Elles ont pour but principal de chanter les disparus à noble cœur et de porter une palme aux vivants dignes de mémoire. Assurément, nous savons combien le sujet est délicat et peu facile. Il faut éviter l'aridité, qui le rendrait fastidieux, et tâcher de donner au récit d'évènements, qui s'adressent, surtout, aux bienveillants, aux penseurs, aux artistes, aux érudits, une forme peu sévère. Le savant humaniste Gruther, qui vivait au temps du roi Henri IV, a dit qu'on doit honorer les grands et ne pas mépriser les petits. Certes, nous avons pour but l'honneur de ceux que la destinée a élevé aux grandeurs diverses de cette vie ; mais nous pensons que celui qui travaille et qui n'a ni richesse, ni honneurs, mérite une part de sympathie et de souvenir...

De nombreux amis nous ont poussé à écrire ces pages. Nous sommes touché de leur cordialité précieuse, qui a fini par triompher de notre indécision bien naturelle : car, ici, nous sommes l'acteur en vue et nous savons combien l'on a, parfois, mauvaise grâce à se mettre en scène ; mais nous avons l'excuse d'avoir pour grand mobile la gloire de ceux qui ne sont plus. C'est notre cœur qui sera le guide de ces souvenirs ; et, là, l'aimable poésie, reine de notre enfance, aidera la narration d'une carrière qui a déjà vu bien des printemps, des élévations, des chutes et beaucoup d'injustices. D'une part, la destinée a tressé quelques couronnes à ce narrateur et n'a pas manqué, chose tout-à-fait humaine, de lui porter son lot de luttes, de peines et de tristesse ; mais ne faut-il pas convenir que la vie, qui est un vrai mystère, nous gratifie de ces jours où brille le soleil à rayons bienfaisants et distribue, le soir, l'orage et la tempête. C'est là, qu'il ne faut pas se décourager ; car si l'épée de Damoclès est toujours suspendue sur nos têtes, il est nécessaire de lutter quand même. L'énergie, nous a dit, à Royat, l'illustre baryton de l'opéra, Faure, notre éminent ami, est grande chose en cette vie ; et combien ce noble artiste a raison ! Pendant 45 ans, nous avons lutté avec un courage inouï pour nos travaux d'archéologie et d'histoire locale. Oh ! Certainement, notre vie, comme celle d'un chacun, a rencontré des jours obscurs ; mais ne voit-on pas qu'après la tempête vient le ciel bleu, comme après les flots agités se montre la mer azurée ? Nous tenons donc à terminer cet avant-propos, en disant : ne désespérez jamais ; car l'avenir est à celui qui sait se maintenir par l'espérance. C'est à un père, homme de génie, que nous reconnaissons d'avoir été éclairé sur ce difficile chemin de la vie, et c'est à une mère admirable que nous pleurons toujours, que nous avons dû de soutenir notre courage.....

Herment (P.-de-D.) au Moyen-Age, côté de l'Est.
An sommet, l'antique château féodal, avec le
haut donjon carré, démoli, seulement en 1801.
Au-devant, la flèche du clocher de la vieille
église, abattue, en 1793, par la Révolution.

A famille **TARDIEU** est originaire des Hautes-Alpes, où elle apparaît dès l'an 1090. Elle a fait, depuis, comme le ruisseau des montagnes qui se répand dans la plaine. Ainsi, des branches ont fleuri en Provence, en Dauphiné, en Languedoc, en Quercy, en Gévaudan, en Normandie, à Paris, etc. Parmi les rameaux, nous citerons Jean Tardieu, capitaine, célèbre ami de l'illustre Bayard, Jean Tardieu, seigneur de Séjas, maréchal de camp de valeur sous Louis XIV, les Tardieu, marquis de Maleyssye, qui représentent actuellement la descendance d'un frère de l'immortelle Jeanne d'Arc et qui comptent un ambassadeur à Venise (mort en 1613), un ambassadeur en Flandre, décédé en 1619 ; dans d'autres branches, le général Tardieu, baron de Saint-Aubanel, mort en 1864, les Tardieu, à Paris, célèbres graveurs, dont un membre de l'Institut (mort en 1844) et un doyen de la Faculté de médecine, grand médecin légiste, décédé en 1879, etc. (1)

Mon père. Ma mère. Charles-Gilbert TARDIEU, mon père, est né à Messeix (Puy-de-Dôme) en 1810. Il est mort, en 1889, à Herment (P.-de D.), dans son habitation. Licencié en droit, ingénieur des mines, ce fut un chimiste savant, un géologue émérite et un grand agriculteur. Après avoir fait de belles études à Paris, il y fut élevé par le célèbre graveur Ambroise Tardieu, son parent, mort en 1841, qui le prit chez lui comme son fils adoptif et lui fit donner une brillante éducation, en

(1) J'ai publié, en 1893, *l'Histoire généalogique des Tardieu*, beau volume in-4, avec blasons, portraits.

compagnie de ses fils le grand médecin, Ambroise Tardieu et le savant bibliothécaire de l'Institut, Amédée Tardieu. Il se fixa à Clermont-Fd, en achetant, en 1838, l'une des plus importantes études d'avoué de cette ville (1). Mon père était fils de Joseph Tardieu, qui s'était établi à Messeix (Puy-de-Dôme), en 1809, en entrant comme gendre dans une famille fortunée, c'est-à-dire en épousant *Jeanne Mornac*, qui descendait d'une famille d'Ussel (Corrèze), dont les ancêtres étaient seigneurs de la Geneste et alliés aux premières familles du Limousin. Une branche de ces derniers se fixa à Messeix, en 1686, par un habile chirurgien. Mon grand-père, Joseph Tardieu, qui fut propriétaire et très longtemps adjoint au maire de Messeix, était né, en 1781, à St-Etienne-les-Orgues (Basses-Alpes) où son père Esprit Tardieu (mort en 1810), était un riche et notable habitant de ce chef-lieu de canton ; et ses ancêtres résidaient dans ce bourg des 1560 ; mais venaient, eux aussi, anciennement, des Hautes-Alpes, où ils habitaient dès 1090.

Ma mère, *Marie Peyronnet*, née à Aurières (Puy-de-Dôme) en 1820, morte à Clermont-Fd, en 1895, descendait d'une très vieille famille bourgeoise de Voingt (Puy-de-Dôme), fixée par alliance à Herment Puy-de-Dôme), en 1722, et qui acheta de grands biens dans cette petite ville, la même année. Son père possédait donc, à Herment, ces vastes propriétés, dont elle a joui jusqu'à sa mort. Jeanne Hugon, épouse de ce dernier, morte à Aurières (Puy-de-Dôme) en 1874, était fille de Marie Chabosson, qui, en 1781, avait porté 500.000 livres de dot, digne et sainte femme, morte à Aurières en 1835. C'est à elle que j'ai dédié cet ouvrage. Celle-ci avait deux sœurs, religieuses claristes, chassées de leur couvent, en 1793, et sur lesquelles on raconte des merveilles de charité. Marie Chabosson avait pour mère Gabrielle Lourdon, fille d'Alexis Lourdon, notaire royal à Aurières, marié, en 1701, à Marie Mazuel, de la famille de la grand'mère de l'illustre Molière ; car le fameux comédien du siècle de Louis XIV était petit-fils d'une Mazuel, descendante de violonistes de la chambre du roi ; et ceux-ci sortaient de l'Auvergne. D'autre part, Gabrielle Lourdon avait un arrière grand oncle, Pierre de Girard, secrétaire de la reine Catherine de Médicis, en 1574, né à Aurières dans l'antique maison de ses aïeux que possède encore le docteur Tardieu, mon frère, et où l'on voit, sur une vieille plaque de cheminée les armoiries des Girard. Mes père et mère

(1) J'ai fait paraître, en 1894, une 2ᵉ édition, revue et augmentée de la vie de mon père, tirée à des milliers d'exemplaires et rapidement enlevée tant elle a eu de demandes.

ont eu 3 enfants : 1° **Ambroise Tardieu**, né à Clermont-Ferrand
en 1840 (auteur de ces pages) ; 2° **Charles-Marie-Félix**, dit
Amédée, né à Clermont-Fd en 1842, docteur-médecin, chevalier de la Légion d'honneur, marié deux fois et père de trois
filles ; et 3° Édith Tardieu, née à Herment en 1846, morte à
Messeix (Puy-de-Dôme) en 1853. Je reviens à mon père, et je
ne puis taire qu'il aima toute sa vie, le pauvre, l'ouvrier ; qu'il
fut un républicain modèle, en 1848 et dévora sa fortune pour la
démocratie. Doit-on oublier qu'il donna gratuitement, à Herment, des consultations de droit ? Son souvenir sera inoubliable
dans cette localité où il repose. Au nom de ma mère chérie,
que dire de son cœur, de son bel esprit et de son âme plus
admirable encore ? Elle compatissait à tout ce qui souffre, à
tout ce qui est malheureux. Je salue en passant celle qui m'a
donné le jour. C'était mon ange gardien !...

E suis né à Clermont-Ferrand, le vendredi
3 avril 1840, à 8 heures du matin, rue
St-Genès, n° 3, aujourd'hui n° 38, rue
bruyante, dans une vaste maison (qui
existe encore), placée à l'angle de la rue
St-Esprit, du côté de la Préfecture. Il
semblerait que le destin montre à un
nouveau né sa vie future. En effet, au
rez-de-chaussée de l'habitation, il y avait un libraire, M. Pellis-
son, mort depuis et non remplacé. J'ai été baptisé le 6 avril
1840, dans la cathédrale de Clermont-Ferrand. Mon grand-père,
Joseph Tardieu, me tint sur les fonds en remplacement du
célèbre Ambroise Tardieu, graveur à Paris, qui pria de le
suppléer et qui avait élevé mon père.

Ecoutez ce que m'écrit, le 1er février 1906, une vénérée et
estimable amie, dont bien des années n'ont pas diminué le
cœur, Mme Elina de St-Vidal, en son château de St-Vidal (Haute-
Loire), l'une des plus grandioses forteresses du Velay : « Je
« vous ai bercé, à l'âge de 2 mois, à Clermont-Ferrand, rue St-
« Genès, dans la plus belle maison Votre mère me reçut dans
« son beau salon parqueté. Vous pleuriez beaucoup et vous étiez
« nerveux. Nous nous sommes mises à genoux de chaque côté
« de votre berceau et nous avons dit beaucoup de choses. . »

Certes, chers lecteurs, vous ne vous attendez pas à ce que je
vous raconte mon premier bas-âge ; ce que j'en garde de peu
intéressant c'est que mon père avait un magnifique chien de
Terre-Neuve, de forte taille et de prix, que lui avait donné M.
le marquis de Ligondès (château du Leyrit, Creuse), un grand

chasseur. Ce chien, d'un instinct prodigieux n'aimait que moi.
Il était occupé de ma garde, plein de fidélité et de caresses pour
le petit être aujourd'hui votre serviteur. Un jour, ce bon chien
alla seul, à 8 kilomètres d'Herment, au château de Combrailles
(Puy-de-Dôme) à M. le Comte Hubert de Bosredont. Nous
apprimes qu'il s'y rendait, quelquefois, pour voir le châtelain
qui, venu à Herment, l'avait caressé et admiré.

1841. Mes parents, qui résidaient à Clermont-Ferrand, rue
St-Genès, font exécuter, par un peintre Italien, leurs beaux
portraits que nous reproduisons dans cet ouvrage et qui ont
été, souvent remarqués pour leur belle facture.

25 Juin 1841. Mon père qui s'était marié en 1838, avait,de ce
fait,recueilli, à Herment (Puy-de-Dôme), au nom de ma mère une
propriété suberbe, en prairies surtout ; mais il y manquait une
habitation, digne de ces grands héritages. Il acheta donc, dans
ce lieu, à M. Bouyon, receveur de l'enregistrement un logis de
grande allure, que M. Bouyon tenait de ses ancêtres, des grands
bourgeois. depuis le 16e siècle. La résidence,qui laissait à désirer, fut mise en état en lui donnant un très-beau salon à 4 portes
à 2 battants et à 4 fenêtres. Mon père traça de plus, en face du
logis, dans un jardin très primitif, un parc artistique avec des
charmilles, des arbres d'agrément et un kiosque genre chinois,
qui était soutenu par 4 colonnes en pierre et d'où la vue s'éten-
dait à 50 kilomètres. Sur la rue,le jardin parc fut garanti par une
grille en fer, ornementée de colonnes de prix. Ce magnifique
jardin tombé,en 1895, dans des mains étrangères, à été en grande
partie,détruit. Tout le monde est loin d'être artiste et intellectuel.
Passons...

1841. J'avais un an et demi. C'était le 9 septembre. Une grave
émeute éclata à Clermont-Ferrand, au sujet du recensement.
Mon père, qui était très-populaire, parvient à la circonscrire, en
faisant appel à la concorde. Comme il était indépendant de
caractère, il ne put s'empêcher de blâmer le préfet et, alors ne
fut point décoré, malgré l'opinion générale. Il m'avait mis, à
ce moment périlleux, en sûreté chez un ami, avec ma mère ;
mais il faillit être assasiné, à plusieurs reprises, à cause de son
merveilleux courage de bon citoyen.

1842. L'émeute de Clermont-Fd (1841) avait beaucoup affecté
mon père. Il vendit son importante étude d'avoué, préférant la
vie calme des champs et l'agriculture au grand bruit d'une cité ;
et me voilà transféré à Herment, chef-lieu de canton. Herment
(Puy-de-Dôme) très-petite et ancienne ville, est situé sur un
monticule dominant au loin les alentours. Le paysage est très-
pittoresque ; le panorama merveilleux. La vaste et belle église,

Ambroise TARDIEU, né à Paris où il est mort en 1841.
Célèbre graveur, il à été mon parain le 6 avril 1840.

Charles-Gilbert TARDIEU, mon père, âgé de 31 ans, en 1841.

Marie PEYRONNET, ma mère, âgée de 21 ans, en 1841

monument historique classé, a été bâtie, en 1145, par le comte d'Auvergne Robert III, seigneur d'Herment. mort à la croisade. Le même Robert III avait élevé, en 1140 le château féodal d'Herment, en haut du monticule. forteresse majestueuse qui fut incendiée par les Ligueurs en 1592. Le donjon resta debout et n'a été démoli qu'en 1801. Il subsiste peu de vestiges du vieux-château. Herment devient la capitale d'une vaste baronnie, jusqu'en 1789. La ville était entourée d'une enceinte percée de 4 portes, dès le XIIIe siècle, enceinte qui a disparu vers 1700. Le duc de Bourgogne, Philippe le Hardi, passa à Herment. en 1371, pour aller au siège d'Ussel contre les Anglais, s'y arrêta et, presqu'en même temps que l'illustre Duguesclin, qui dirigeait ce siège et y fit aussi une halte ; le maréchal Boucicaut y séjourna l'été de 1393, pour surveiller les Anglais en Limousin ; en 1465, les ducs de Bourbon y établirent leur camp pendant la ligue dite du *Bien public* ; en 1523, le connétable de Bourbon, fugitif de Chantelle (Allier) y coucha. Déjà, en 1367, des routiers Anglais s'étaient emparés de la ville et l'avaient occupée 2 années ; de sorte que le Pape Grégoire XI. frère du baron d'Herment (un Roger de Beaufort), obtint du roi Charles V une exemption de tailles pour que les habitants pussent rebâtir la ville, détruite par les Anglais ; en 1383, autre prise passagère, par les Anglais ; en 1432, prise du château par le vicomte de Turenne qui croyait avoir à se plaindre du seigneur Hugues de Bosredont ; en 1588, prise par les Huguenots ; en 1592, par les Ligueurs. Actuellement, Herment est déchu de sa splendeur. Avec la révolution française, qui en 1789, a détruit la féodalité il a perdu son importance, ses titres et ses privilèges (1) Lecteurs, les gloires du vieil Herment, ses souvenirs guerriers, les vieux murs de sa vaste église, son site merveilleux comme pittoresque, l'un des plus beaux de France, ont nourri mon enfance et sont, certainement, l'explication de ma carrière historique et archéologique. Ces légendes, ces restes d'un passé plein de luttes, ont donc réagi sur mon esprit, disposé à les étudier.

Sitôt installé à Herment, en 1842, mon père fit don à l'église, c'est-à-dire à la paroisse et au culte, d'un superbe tableau qui représentait une *Madone*, peinture de la grande école espagnole, estimée plus de deux mille francs et qu'il avait gagnée à une grande loterie. Ce tableau est encore dans l'église d'Herment. Espérons qu'il y restera toujours.

(1) J'ai publié, en 1866. un volume in-4 illustré, *Histoire du pays, de la ville et de la baronnie d'Herment*, et, en 1885. j'ai fait paraître une petite édition abrégée. illustrée ; mais à des milliers d'exemplaires : *Histoire abrégée et populaire d'Herment*, in 16.

1842. Mon grand père Joseph Tardieu, propriétaire à Messeix, est parrain de la belle cloche de l'église, la seconde de cet édifice comme grosseur. Cette cloche existe encore ; souhaitons qu'elle conserve longtemps le nom des inscrits sur l'airain de la paroisse !

1844. J'allais avec mes parents, dans mon bas âge, à Messeix (Puy-de-Dôme), petit chef lieu de commune où résidait mon grand père paternel et ma grand mère. Là, il y avait une vieille église qui fut donnée en 1060, par la famille de la Tour-d'Auvergne aux bénédictins de Sauxillanges. Cet édice a été remanié au XIVe siècle. Il a un portail du IXe siècle. Le clocher fait un un effet superbe dans le paysage Il a été élevé, en 1806, grâce à une souscription et l'énergie du curé, homme de bien, l'abbé Bouchet. Près de l'église, résidaient mes grands parents, dans un beau logis, où il y avait jusqu'à une salle de bains et un jardin d'agrément, tracé par mon père. Dans ce jardin, un jet d'eau, un kiosque placé au sommet d'un labyrinthe, de belles haies taillées, de grands arbres fruitiers. Mes grands parents ont possédé cette habitation jusqu'en 1852. Messeix, Herment, voilà les 2 séjours de mon enfance. Près de Messeix, un curieux et beau domaine, appelé *les Frnux* (c'est-à-dire terrain en friche), créé dans la bruyère, par mon père et qui faisait l'admiration des agriculteurs. J'ai passé mes vacances à courir dans ce domaine jusqu'en 1859, qu'il fut vendu à M. Narjot de Toucy. Pendant que j'allais à Messeix, en 1844, Mme de St-Vidal, qui venait dans ce bourg, chez sa tante Mme Bertrand, fut priée de m'apprendre mon alphabet. Elle le fit avec grande patience ; mais son petit élève à cheveux blonds bouclés et teint frais ne l'écoutait guère et on fut obligé de le mettre au couvent des religieuses de Messeix où les petites fille seules étaient admises Ce fut une exception que l'arrivée de ce *marmot*. Cependant, celui-ci fit, parait-il, l'admiration des bonnes sœurs et des petites camarades. Ce couvent de Messeix a été fondé en 1818. Il a disparu par le fait des laïcisations récentes.

1845. Année des semis de bois de pins, dans les terrains en bruyère de la commune d'Herment, aujourd'hui la fortune du pays. Ces semis sont dûs à mon père, alors conseiller d'arrondissement qui eut à lutter avec l'égoïsme de bien des intéressés.

1845. J'avais 5 ans. On me ramena à Herment ; et, là, on crut qu'il était bon de me mettre chez un excellent instituteur laïque, M. Denèfle, homme excellent, cordial, prudent pour les jeunes élèves, très instruit pour son époque, latiniste distingué, poëte M. Antoine Denèfle, né à Voingt (Puy-de-Dôme, fils de Jean propriétaire et d'Elisabèth Mouton. M. Denèfle a résidé comme instituteur à Herment jusqu'en 1850, avant d'aller au Montel-de-Gelat (P.-dc-D.) où il est resté 18 ans. Il est mort à Clermont-Fd. âgé de 72 ans, le 7 octobre 1884. Grâce à lui, j'appris à lire en peu de temps. J'avais pour camarade de classe, un voisin d'habitation, intelligent et bel enfant, Antonin Deroche, dont le père, huissier et propriétaire à Herment, s'y était établi en épousant Mlle Pellissière, fille d'un médecin. Il n'a jamais été oublié par moi. Il est mort plein de jeunesse à Paris, en avril 1864, commis greffier de la justice de paix du 6ᵉ arrondissement. A cette époque, toujours âgé de 5 ans, j'avais une jolie voix de soprano, qui faisait les délices du curé quand il m'entendait sous sa fenêtre, en revenant de l'école. Je chantais, disait-on, à ravir, *la Lisette de Béranger*. Bien des gens s'arrêtaient pour écouter le chant de ce *bambin*. Ainsi, la musique a, dès mon bas âge, captivé mon cœur. C'est à mes 5 ans que je commence à me rappeller de beaucoup de détails. Je sais que j'avais une volonté d'enfer, que je faisais le désespoir de mes chers parents qui devaient céder ; car je pleurais ; je tempêtais pour un rien. Ah ! j'étais, je l'avoue, peu commode !....

1847 (28 mars). Naissance à Herment, de ma sœur Edith Tardieu. A l'âge de cinq ans, on la mit en pension chez les religieuses du couvent de Messeix (Puy-de-Dôme). Elle y fit l'admiration de tous par son bon cœur, sa gentillesse, son esprit d'enfant précoce. Aux prix du pensionnat, elle débita des fables avec une verve prodigieuse. Hélas, la Parque cruelle décida de lui faire quitter ce monde bien vite ! Elle mourut à Messeix, dans ce couvent, le 14 avril 1853, âgée de six ans, pleurée, regrettée. On l'enterra à Herment.

1847 (octobre). Le petit chanteur soprano d'Herment, celui qui faisait entendre la *Lisette de Béranger*, quand il allait à l'école, prenait l'âge où l'on songe à son éducation. On le mit en pension à Clermont-Fd, place du marché aux Poissons, nᵒ 1, chez une vieille demoiselle Mlle Anne Perrin, née à Clermont-Fd, parente de l'abbé Perrin, aumônier des prisons. Elle avait avec moi, un autre enfant, M. Cohadon, actuellement colonel en retraite. On m'envoyait chez les frères. C'est alors que le 28 novembre 1847, mourut l'abbé Chartier, curé de la cathédrale, prêtre très charitable que la foule pleura et regretta et que je vis exposé sur son lit de mort. Mlle Perrin tomba bientôt malade et disparut rapidement. Elle avait 71 ans et décéda le 30 avril 1848 ; ce qui obligea mes parents à me placer en pension dans une autre famille.

1848 (24 février). Proclamation de la République à Clermont-Ferrand, proclamation calme, sans émeute, au son du tambour et du cri de « Vive la République ! » J'étais alors en pension chez Mlle Perrin, citée ci-dessus et je me rappelle cet évènement politique. Mon père, républicain convaincu, fut alors nommé, par acclamation, maire d'Herment (1848). Il se montra humanitaire, l'ami du pauvre et ne transigea jamais avec sa conscience. Mais fut bientôt l'objet de l'infâme jalousie et de la basse calomnie. Ecoutez cette anecdote. Mon père allait à Tulle (Corrèze). Il était en « Briska », dans le coupé. Il n'y trouva un gentilhomme estimé, M. le marquis de Cosnac, d'une antique maison du Limousin, auquel il raconta qu'il habitait Herment. « Connaissez-vous un certain républicain, un vrai brigand, dit-on, lui ajoute le marquis? Il s'appelle Tardieu et il réside à Herment. — Un *brigand*, lui dit mon père, il y en a pas à Herment ! » et il parla en termes tels de ce dernier que l'abusé marquis commença à ouvrir l'oreille plus que jamais. « Savez-vous. Monsieur, que cet homme, si dangereux, serait moi-même, maire d'Herment ? » Confusion de M. de Cosnac qui lui dit : « Mais, Monsieur, vous êtes l'homme le meilleur que j'ai vu ; et si les républicains étaient tous comme vous ils feraient bénir la République... » Voilà bien le monde, tel qu'il est, n'est-ce pas ? Calomnie du nord au sud ; et la calomnie peut tromper les meilleures intelligences.

1848. Année des plus tristes à Herment. Le budget municipal était nul, et la misère très grande. Mon père, qui était maire, lui vint en aide de sa fortune personnelle, empruntant même à ce sujet, et fit travailler une foule d'ouvriers qui nivelèrent les rues d'Herment et les chemins des alentours, alors dans un état impraticable. Tout fut transformé comme par enchantement. On trouva, à cette occasion, divers objets antiques, dans les fouilles des rues, savoir : le rouet doré d'une arbalète, un christ très ancien en bronze, des monnaies du Moyen-Age, une ancienne meule à bras, un petit tombeau en pierre avec le squelette d'un chien lévrier (que l'on croit avoir appartenu à quelque seigneur de la petite ville), etc. Cette même année (1848), mes parents me conduisirent à Tauves (Puy-de-Dôme), en visite auprès d'un excellent médecin, M. le docteur Burin ; car je donnais des craintes pour ma santé, mais le bon docteur nous rassura complètement. En allant à Tauves, nous passames près du petit hameau de Granges, jadis chef-lieu d'une seigneurie importante. J'y aperçus une ruine qui me fit une grande impression. Mon père me dit que c'était une tour ; et comme mon érudition était nulle, à cet âge, je consultais les livres spéciaux de notre bibliothèque d'Herment, à mon retour. Vous voyez qu'à 8 ans les ruines ont, déjà, produit sur moi un

grand effet de curiosité. C'est à cet âge que je commençais à
aimer le dessin. dont la passion m'a suivi depuis sans relâche.
Je calquais des fleurs dans un Dictionnaire d'histoire naturelle.
Le 1er décembre 1848. je tins sur les fonds baptimaux, à Herment, quoique bien jeune encore, le fils aîné de l'excellent instituteur M. Denèfle. Il reçut mon prénom. Entrepreneur estimé
et intelligent de travaux publics, à Paris, il est mort le 26 mai
1902. époux d'une des filles du propriétaire du château de
Bien-Assis, à Clermont Ferrand, cette célèbre demeure où
Pascal passa les étés dans son jeune âge.

1848. Au mois de mai, après la mort de Mlle Perrin, me
voilà transféré à Clermont-Fd. rue Tour de la Monnaie n° 3,
maison veuve Berry, toujours près du Marché-aux-Poissons. Je
suis chez M Pierre Coulon, né à Banières, près de Pontgibaud
(Puy-de-Dôme). mort à Paris, qui soignait chez lui, avec grande
affection et précieuse intelligence 6 petits garçons, compris
votre serviteur. L'épouse de M. Coulon née Bonjean, était de
Pontgibaud et une femme rare. On nous conduisait chez les
Frères. aux Carmes (1). C'est alors que je fis ma première
communion, dans l'église des Carmes, qui était attenante. La
famille Coulon, si respectable, a droit à mon grand souvenir.
Madame de St-Vidal dont j'ai parlé (page 71) est la fille de
M. Pierre Coulon et de madame, née Bonjean. Son père avait
fait l'invention d'une pompe hydraulique qui aurait pu l'en-
richir.

Octobre 1849. De la rue Tour de la monnaie, je passais, cette
fois, chez M. Beuf-Lamy, au pensionnat laïc Jacques Delille,
situé à l'angle du Cours Sablon, au dessous du jardin des Plantes. M. Claude Beuf-Lamy, né le 18 brumaire (date célèbre, en
1799), à Lempdes (Puy-de-Dôme), fils de Joseph Beuf et de
Marie Lamy,était un poète de valeur. Il a publié *un songe fan-
tastique*, imprimerie Van den Eeckhout, à Clermont-Fd. Il était
l'ami de mon père et républicain.Ses opinions lui valurent d'être
persécuté sous l'Empire. Il est mort à Clermont, pendant l'été de
1881. Les bons soins qu'il m'a donnés sont inoubliables. Je restai chez lui une année entre les mains de professeurs excellents
et je garde précieuse souvenance de cet heureux temps.M. Beuf
avait 2 enfants 1° un fils, mort célibataire à Clermont-Fd en
1872, quelques mois après son retour des colonies d'où il rap-

(1) L'école des frères était installée alors au troisième étage dans la
bâtisse du clocher de l'église, vis-à-vis la cure. Elle fut transférée, vers
1865, rue St-Jacques, derrière l'Hôtel-Dieu. Depuis 1881, lors des laïcisations, elle a été reprise comme école libre par les frères de St-Gabriel,
dans un local du Cours Sablon et sécularisée en 1903.

porta les germes de la maladie qui l'emporta et 2° une fille morte
en 1893, mariée en 1858, à M Maubert professeur à l'école normale de Clermont-Ferrand, chargé de la direction de l'école pra-
tique annexe, sous les ordres de M. Chopinet, directeur de
l'école. Voici le bulletin. de classe, que je conserve avec soin,
au temps ou j'étais chez M. Bœuf Lamy Il est du 27 janvier
1850 : « Mémoire très-heureuse ; ses leçons sont toujours bien
« sues et ses devoirs faits ordinairement avec application et
« exactitude. Géographie : bien ; mythologie : très-bien : succès :
« sensibles ; caractère : franc ; santé : très bonne. »

Ainsi une mémoire, qui m'a tant servi en ce monde, peut,
déjà, être signalée à 9 ans ; et cette exactitude, qui m'a été si
precieuse est virtuellement constatée.

1850. A cette période, nous classons, ici les usages du pays
d'Herment et de Messeix, qui, au surplus, sont ceux d'alors de
nos montagnes d'Auvergne. Tâchons de passer hommes et
choses en revue. Disons, d'abord, que la société de 1850 était
bien meilleure que celle d'aujourd'hui. On se voyait souvent ;
on venait, soit en visites fréquentes, soit en dîners cordiaux,
s'important peu de grands menus, mais de bons rapports avant
tout. A ces dîners, on chantait un couplet de quelque vieille
chanson, soit en français soit en patois, où chacun s'égayait,
trinquait, riait et se complimentait. On s'aimait réellement,
temps bien différent de celui de ce jour, si égoïste, si malade
d'envie, de haine ou de malveillance ; et, cependant, l'on était
toujours en république, mais sous la république sage de 1848-1850
qui fut vraiment humanitaire et de toute liberté. Ah ! sûrement,
nous n'avions pas encore les bonnes routes qui nous guident.
Le pays était à l'état primitif ; et l'on voyageait péniblement.
Ici, des pierres énormes traversaient la voie ; là, des ornières ;
car on passait à travers la campagne, dans des bruyères et des
pays désolés. On était exposé à rester, cheval et voiture, dans
un grand péril et l'on versait souvent. Il y avait dans la bourgeoisie des cabriolets, des pataches. Mon père, dès son départ de
Clermont, en 1842, avait un cabriolet de luxe que faisait marcher
une jument de sang et de prix appellée *Mouche* ; car elle volait,
réellement à travers l'espace, Point de chemins de fer encore,
et encore moins *d'autos* ; mais la race chevaline était appréciée ;
aussi élevait-on des chevaux de prix producteurs de revenus
qui ont presque disparu depuis. Mon grand père avait, à Messeix,
une forte jument attelée à une patache solide, conduite par le
fidèle et intelligent domestique appelé Michel Brugière, alors
jeune et aujourd'hui encore vivant, retiré au village de Plan-
chadelle (Puy-de-Dôme), près de Messeix. Je vois Michel, assis

sur le brancard de la patache qui nous menait aux grandes
foires de Clermont. On s'arrêtait et l'on couchait, en route, à
Rochefort, chez le maître d'hôtel, M. Lassalas. C'était le bon
temps des hôtels qui gagnaient de l'or; le roulage lui-même pro-
curait de beaux bénéfices. Le chemin de fer a ruiné ces hôtels,
rendus à peu près inutiles. Mon père, vrai philosophe. prenait
en route, gratuitement, une foule de pauvres diables que le sort
mettait sur son chemin et les faisait monter dans son cabriolet.
Un jour, il rencontra un voleur, associé à d'autres chemineaux.
Fort heureusement, il eut un soupçon contre son voyageur,
l'obligea à descendre, au-dessous du Puy-de-Dôme. Il était
temps; car aussitôt, il entendit derrière sa voiture, qui filait à
fonds de train, des coups de pistolet. Les bons cœurs ne ren-
contrent pas toujours bien. D'autre part, les ponts faisaient
souvent défaut. Les orages, les fontes des neiges grossissaient
fortement les ruisseaux. Il fallait traverser, voiture et cheval,
en choisissant le guet le moins profond. Il y avait aussi des
chemins que les côtes obligeaient à monter à pied ; car l'art des
pentes était à peu près inconnu. Citons, ici, l'abbé Lenoble,
curé de Lastic, près d'Herment. A la tête de ses paroissiens,
il fit faire les chemins de son village. Je l'ai vu à l'œuvre.
C'était un prêtre, bon, gai, libéral, dont la mémoire doit rester :
Saluons ce défunt en passant ! Il faut dire un mot des fêtes du
pays. La fête paroissiale d'Herment donnait lieu à quelques
ébats de la jeunesse. On tirait des coups fusils pour abattre une
fiole remplie d'eau, suspendue bien haut aux vieux arbres de
Sully. On arrachait, à cheval, le coup d'une oie (usage barbare
qui rappelait, dit-on, les oies du Capitole romain). On courait
aussi la bague, qui rappelait les belles fêtes de chevalerie du
Moyen-Age. Pendant la semaine sainte, les enfants s'arrêtaient,
en chantant des *réveillons*, sous les fenêtres ; ce qui leur
valaient soit des œufs ou quelque monnaie. Le premier mai,
chaque poursuivant d'amour plantait un peuplier devant le
logis de sa belle ; les branches supérieures étaient ornées de
rubans. Le premier dimanche de carême, appelé le *dimanche
des brandons*, nos paysans allaient avec des torches allumées
autour des arbres de leurs héritages, en les apostrophant. Le
24 juin, jour de St-Jean-Baptiste, les feux de joie réjouissaient
tout le paysage nocturne. Aux fêtes, noces et baptêmes, on
dansait les montagnardes et bourrées, danses du pays, que l'on
aimait beaucoup alors ; mais qui ont été remplacées par les
polkas modernes, au grand regret de ceux qui se passionnent
pour les vieux usages. Il y avait des *veillées* d'hiver où se per-
pétuaient les légendes, sur les prises de la ville d'Herment, sur

CATHÉDRALE DE CLERMONT-FERRAND
dans laquelle j'ai été baptisé, le 6 avril 1840.

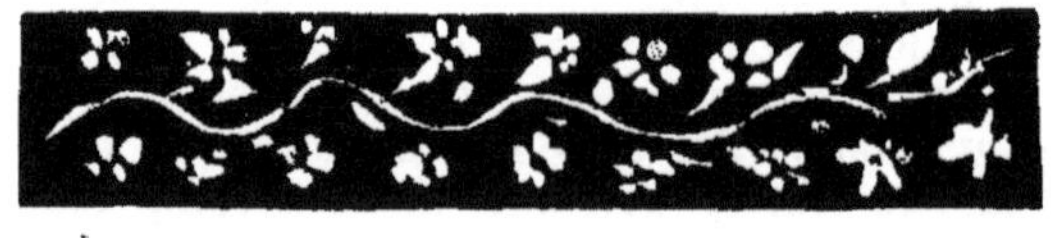

certains châtelains ; là, le nom terrible des Anglais qu'on entendait quelquefois. Ces veillées n'existent plus. Enfin, beaucoup de superstitions, qui sont encore répandues dans nos montagnes ; on croyait aux sorciers et, à ce sujet, il faut lire un célèbre poète patois contemporain, d'Auvergne. Il s'agit de Roy (de Gelles). Son *Tirage ou les Sorciers,* publié en 1841, est un chef-d'œuvre. En voici le commencement :

Garçous de tous païs, de toutas qualitas,
Chi vous voulez sabei de bounas veritas,
Venial vant, écoutaz ce qu'you voule vous dire ;
Cou vous fara chugnâ, mei cou vous fara rire
Et que chacun de vous n'en fage son proufit
N'y en za par tout le monde, et le chimple et le fi
Car tan que se creit fi, souvent z'est le plus aze
Cou se veit tous los jours, le diable me tabaze !

C'est-à-dire : *Garçons de tous pays, de toutes qualités, si vous voulez savoir de bonnes vérités, venez, écoutez ce que je veux vous dire. Cela vous fera réfléchir et ça vous fera rire ; et que chacun de vous en fasse son profit. Il y en a pour tout le monde et le simple et le fin ; car tel qui se croit fin, souvent est le plus âne. Cela se voit tous les jours le diable me frappe !*

Un mot de ce patois, mis en honneur ci-dessus. Il est encore en vogue. Les domestiques d'alors ne parlaient guère le français. Une brave bonne du village de Chabateix, fidèle et active, appelée Jeannette, nous servait en 1850. On la pria de porter un vase de cuisine que, forcément, l'on indiqua par le mot français, celui de pot. Jeannette ne comprenant pas, on lui répéta en patois : « C'est un *toupi* ». Elle comprit subitement et donna lieu à rire... Cette bonne gagnait 30 francs par an et pour le temps, elle était largement payée. Il faut dire, en passant, un mot des loups voraces qui désolaient, alors. le pays d'Herment et des alentours, surtout à Tortebesse et à Messeix. Moutons, chèvres, chevreaux, ânes et mulets, même les chiens étaient la proie de ces carnassiers, dont on avait peine à se défendre. J'ai vu, souvent, des loups courant à travers la campagne, quand j'allais à Messeix. Mon père les apercevant se hâtait de dire : « Tiens, tiens, vois ces gros loups » ; et, aussitôt, l'un d'eux courant, tournait la tête et fuyait vers les bois touffus. Enfin, chose plus agréable, lièvres, cailles et perdrix étaient abondants et pas cher, alors ; le poisson de même. Ainsi, les écrevisses, si faciles à prendre qu'on en rapportait 4 à 500 dans quelques heures, ce que j'ai constaté, souvent, dans mon jeune âge. Gibier et poisson sont rares actuellement. Il y avait aussi beaucoup de sangliers. Un jour, l'un d'eux, poursuivi par des chasseurs, se sauva rapidement et vint se réfugier, à

Messeix, dans la vaste écurie de mon grand-père. On ferma.
aussitôt, la porte et les paysans accourus assommèrent la bête.
A cette époque, on voyageait, souvent, à cheval, même les
dames. Quoique bien jeune, je faisais seul, facilement, 30 kilomètres, monté sur une bonne jument. Je constate que le petit
écuyer de 1850 n'a su guère monter à cheval, plus tard.

Voici, maintenant, mes grands parents qui louèrent, en 1846,
leur agréable habitation de Messeix à un gentilhomme descendant d'une des plus antiques maisons d'Auvergne, le comte de
Mealet de Fargues, homme à nobles manières et grand chasseur.
Il résida 6 années à Messeix et se retira très âgé à Bourg-Lastic
où il est mort vers 1857. A M. de Fargues, succéda un homme
de haute intelligence et de goût, dans l'habitation de mes
grands parents. C'était M. Narjot de Toucy, également venu de
Clermont-Ferrand. Ce fut le bonheur du pays. Il s'occupa de
mines, de chemin de fer et de haute industrie. On lui doit l'entreprise difficile du chemin de fer de Clermont à Tulle. Il
m'affectionnait ; et je suis heureux de saluer la mémoire de ce
cher défunt. Il acquit l'habitation, de Messeix, à mes grands
parents, peu avant le 6 décembre 1852.

C'est à cette époque que mes sorties de pension avaient lieu
à Clermont-Ferrand chez une vieille demoiselle, d'ancienne
maison, amie de ma famille et alliée aux premières familles
d'Issoire, Mademoiselle Aubert. Combien cette digne femme
était bonne pour moi ! Elle se retira à Paris où elle est morte à
Bercy, vers 1860. Je citerai, de Mlle Aubert, un bon mot, qui
prouve qu'elle n'aimait pas trop dire son âge, comme certaines
vieilles demoiselles qui ont dépassé la soixantaine. Un jour, à
une dame qui lui demandait combien elle avait de printemps,
elle répondit : « Madame, on ne demande que l'âge des chevaux... »

Mon père, qui voyait la politique se compliquer crut qu'il
était opportun de quitter Herment et pensa, d'abord, à occuper
une chaire au concours d'économie et de législation rurales,
dans les écoles régionales d'agriculture. Cela résulte d'une
lettre reçue du Ministère de l'Agriculture (24 septembre 1850).
Mais il renonça à ce projet. Il donna sa démission de maire
d'Herment. le 6 octobre 1850, et se rendit à Paris. De mon côté,
je partis avec ma mère pour aller le rejoindre ; et nous primes
le « briska », messageries, à Clermont-Fd, voiture attelée de
bon chevaux, allant vite, relayant souvent. Ce véhicule s'arrêtait aux environs de Saincaize (Cher). De là, on se rendait, par
la voie ferrée (qui, ainsi qu'on le voit, n'allait pas encore jus-

qu'à Clermont-Ferrand) (1), à Bourges, à Orléans, puis à Paris. Un fiacre nous conduisit rue de l'Echiquier. L'effet produit par le grand Paris ne fut pas du tout celui que je supposais. Je trouvais la vaste capitale, bâtie comme les villes de province. Mon imagination d'enfant m'avait fait croire que les balcons étaient tous dorés et les appartements capables de loger des géants. Je fis rire quelque peu bien des parisiens. Peu après mon arrivée, on me mit en pension à Villiers-le-Bel (Seine-et-Oise), près de Paris, dans un établissement magnifique et en renom, dirigé par M. Marelle, pensionnat qui a changé de nom vers 1880 et a dû disparaître vers 1890, remplacé par une fabrique de petits cartonnages. On nous amenait en promenade dans une forêt, autour du célèbre château d'Ecouen, où s'élevaient des demoiselles filles d'officiers décorés de la Légion d'honneur. Bientôt, un ennui mortel s'empara de moi. Je me sauvais de pension ; et l'on dut mettre à ma poursuite un employé qui me rejoignit sur le chemin de St-Denis. Grâce aux bons soins des maîtres, je m'accoûtumais, cependant ; et je restais jusqu'au mois d'août 1851, en emportant les premiers prix. Puis, je revins à Paris. Je trouvais mes parents installés au quai de Billy, près de la Manutention militaire. Je passais mes vacances à courir Paris ; et c'est alors que je commençais à former une petite collection de gravures. surtout des vues des villes, grâce à mon minuscule budget. Je faisais mes achats dans la cour du Louvre, où il y avait des marchands ambulants qui vendaient, à l'encan. Puis, je courais les quais pour fouiller les caisses des libraires. Après les vacances (octobre 1851), on me mit en pension comme externe dans la grande rue de Chaillot (au nᵒ 15), dans un magnifique établissement en renom, chez un savant directeur, M. Bousquet, encore vivant en 1906, et portant bien ses 94 ans, qui m'a écrit le 12 mars 1906, après 55 années de silence, une lettre admirable qui m'a touché profondément. M. Bousquet, dont le pensionnat a été exproprié pour cause d'utilité publique sous Napoléon III, à cause des embellissements de Chaillot, m'apprend que, par le fait, sa maison d'éducation a disparu. J'avais, en 1851, pour camarade de classe, feu M. Félix Faure, depuis Président de la République et qui eut l'idée, depuis. de réunir, en un banquet, tous les camarades éparpillés, belle pensée digne de cet excellent homme d'Etat. Au pensionnat Bousquet ont aussi été élevés l'éminent M. Sully-Prud'homme, de l'Académie française, auquel en passant j'offre cordialement

____

(1) Le chemin de fer de Clermont-Fd à Paris a été inauguré seulement en 1855, le 7 mai.

une couronne bien française. M. Léon Bernard Derosne, avocat, critique dramatique distingué, était aussi mon camarade de classe et j'en ai gardé le plus grand souvenir à travers 55 années de séparation. Le pensionnat Bousquet nous faisait conduire en bel omnibus au lycée Bonaparte, où nous avions des maîtres dévoués remplis de tact pour la jeunesse et savants. Oh ! l'heureux temps que celui de ce grand lycée ! Je le salue en passant, et je salue aussi un élève de ce lycée et de mon temps, M. le docteur Blache, de l'Académie de médecine. Je restai chez M. Bousquet jusqu'en août 1852. Le lycée Bonaparte, aujourd'hui le lycée Condorcet, vivra toujours dans mon cœur. Je cite parmi ses meilleurs élèves, un compatriote d'Auvergne, M. Chassaigne-Goyon, avocat, l'estimé et aimé conseiller municipal de Paris. En 1901, j'ai tenu à faire partie de la Société des anciens élèves de ce lycée. Pendant que j'étais au pensionnat Bousquet, je me rappelle un évènement important, dont j'ai été témoin. Le jour du coup d'Etat (2 décembre 1851), le Gouvernement fit occuper la vaste cour du pensionnat par les lanciers. Félix Faure (depuis Président de la République), s'amusa à monter sur les chevaux de la troupe. Le lendemain, mon père m'amena au boulevard des Italiens, voir les vitres des cafés brisées par l'émeute. Il me dit : « On s'est battu ». Je n'en demandai pas plus long.

Me voilà en octobre 1852 reparti pour Clermont. Mes parents me placèrent au Petit Séminaire. J'y fis ma sixième de latin, sous l'abbé Brandely ; ma cinquième, sous l'abbé Mestas, maîtres excellents ; ce qui nous pousse jusqu'en 1854 au mois d'août. Je dois dire qu'au Petit Séminaire j'ai eu les prix de mémoire et application, d'histoire et de géographie, de version latine et version grecque. Je salue encore en passant cet heureux temps ! Je garde précieux souvenir du Petit Séminaire. Je dirai aussi qu'aux vacances d'août 1853, dans notre vaste salon d'Herment, j'avais aménagé un petit théâtre où jouaient des enfants de mon âge, même de très jeunes filles, devant un public bienveillant, assidu à ces representations théâtrales gratuites et populaires. Les absents raillaient ; mais les assistants applaudissaient le tout jeune acteur ; certains auguraient une gloire théâtrale, notamment M. Gozy, alors receveur de l'enregistrement, à Herment, depuis directeur. A cette époque (1853), âgé de 13 ans, j'écrivis un petit volume in-12, intitulé *Histoire d'Herment*, manuscrit que j'ai conservé, et qui a un plan de cette localité fait par moi, en 1851, à l'âge de 11 ans.

A ma sortie du Petit Séminaire (août 1854) ma famille fit l'observation que si j'avais la tête bourrée de thèmes, que si

Ambroise TARDIEU à 16 ans

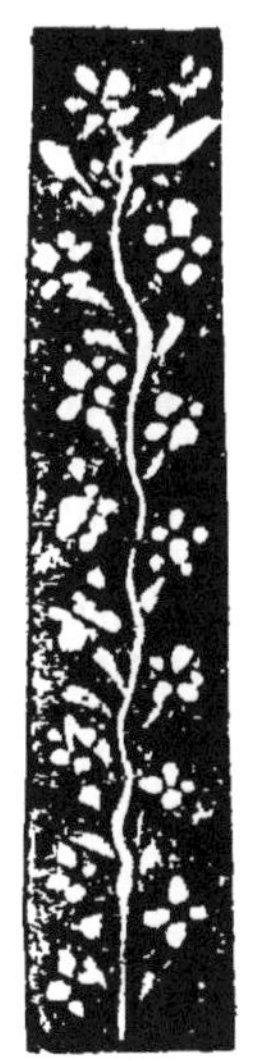

Ambroise TARDIEU à 19 ans

j'étais fort en version latine et en grec, j'étais faible en français
et que ma calligraphie laissait diablement à désirer. Les Frères
étaient, alors, en grande réputation. Il fut résolu de me faire
entrer au grand Pensionnat de Clermont-Fd, où je restai d'octobre 1854, jusqu'au mois d'août 1856, en 4e, puis en 3e classes.
J'obtins, là, de véritables succès. Mon écriture devint artistique
grâce à un maître incomparable, le frère Hérène. Plus tard,
cette écriture m'a beaucoup servi à entreprendre de superbes
manuscrits illustrés qui m'étaient payés jusqu'à 1.000 et 1 500
francs. A la distribution des prix des Frères, en 1855 et 1856,
je remportais les prix d'excellence, d'histoire ancienne et d'histoire romaine, de géographie, de mémoire, d'application, d'écriture, de grammaire, de géométrie, d'histoire naturelle, de
dessin linéaire. Comme les deux années précédentes, je passais
mes vacances à Herment où je dessinais des sites. Chez les
Frères, je jouais dans des pièces de théâtre et je remplissais
divers rôles difficiles que mes camarades appréciaient : ainsi le
goût du théâtre persistait toujours.

En octobre 1856, je revins à Paris. Mes parents habitaient
alors rue des Moineaux, 28. Mon père, qui était ingénieur civil,
s'occupait de grandes inventions qui, sûrement, l'eussent
rendu fort riche s'il n'avait pas toujours mis à l'écart le côté
pécuniaire de la vie. On lui conseilla de me faire terminer mes
classes à Passy, au pensionnat modèle et célèbre des Frères, ou
les études étaient très fortes, les maîtres hors ligne. J'y restais
d'octobre 1856 jusqu'à Pâques 1858. En 1858, j'avais pour con-
disciples M. Siot-Decauville, celui-ci actuellement fondeur-
éditeur de grand renom à Paris et M. Emm. Magniol à Paris,
M. Jules Jérôme à Taverny (Seine-et-Oise), auxquels j'adresse
ici, un souvenir cordial ; et le 16 février 1858, à la soirée du
pensionnat où je débitais la scène comique de la distribution
des prix, je remarque que M. Emm. Magniol y figura aussi avec
succès. Le bel et vaste établissement de Passy possèdait, en
effet une salle de fêtes où l'on donnait des pièces de théâtre.
J'y remplissais les grands rôles à la joie de tous. Un jour, je reçus
les félicitations du grand littérateur Jules Janin ; une autre fois,
de l'illustre musicien Rossini. Je chantais d'une voix sonore qui
me faisait des amis, sous la direction du maître, déjà célèbre,
le frère Léonce, homme d'un merveilleux cœur, qui vit encore
portant bien ses 87 printemps, et qui avait composé une magnifique messe en musique qui nous chantâmes dans l'église de
St-Eustache, à Paris, messe à grand orchestre avec de grands
violonistes et instrumentistes. J'aurais, peut-être dû entrer au
Conservatoire de musique, à Paris, pour aborder l'opéra comique

et l'opéra. Ma famille, je dois le dire, n'a jamais manifesté ce désir. Mais, pendant que j'étais au pensionnat de Passy, j'appris le piano, ayant pour professeur un artiste éminent M. Faubert, qui, en 1856, avait obtenu au conservatoire, le prix de contre-point et de fugue ; en 1857, le premier prix d'orgue et un 2ᵉ grand prix de composition. M. Faubert a été organiste du grand orgue de St-Nicolas des Champs, à Paris, maître de chapelle de la même église et en dernier temps, maître de chapelle de l'église de St-François Xavier. Après 50 ans de silence, j'ai eu la joie de savoir des nouvelles de ce maître inoubliable par une lettre cordiale du 7 février 1906. Un jour, pendant que j'étais à Passy, mon père me conduisit à l'Opéra comique où l'on jouait *Richard cœur de Lion*. Le chef-d'œuvre de Grétry me fit une telle impression que, depuis, j'ai appris le grand air. *Oh ! Richard oh ! mon roi* ; que j'ai chanté dans bien des salons ; ce qui m'a valu des sympathies précieuses. A cette époque (en 1852), mon père me conduisit aussi à l'Opéra, j'y vis *Les Elfes*, ballet com-posé et dansé par le célèbre Petipa. Il va sans dire que j'ouvris de grands yeux dans ce sanctuaire des arts et de la danse. Petipa, m'a écrit depuis et je m'honore de sa sympathie. Il m'a même adressé sa photographie.

En 1858, mes études complètement terminées, mes parents pensèrent à me faire architecte. Je crois que le métier artistique d'architecte pouvait me convenir et probablement aussi bien d'autres positions indépendantes. Je n'y pensais guère. Je dois dire que les jours de sortie, au pensionnat de Passy, j'allais à Paris à la Bibliothèque nationale, rue Richelieu, où j'avais obtenu une entrée de faveur, n'ayant pas l'âge de rigueur. Là, je fai-sais des recherches dans les manuscrits concernant l'Auvergne. Je commençais à dessiner des blasons, des cartes géographiques, des plans, des vues diverses. Déjà, à Passy j'avais commencé seul à apprendre le blason langue morte, peu facile. La science héral-dique m'a été d'un grand secours, dans ma vie d'archéologue. Rue des Moineaux, j'écrivis un fort manuscrit in-4º. C'était toujours *l'Histoire d'Herment*, idée fixe qui me poursuivait. Ce manuscrit, que je conserve, a été relié avec soin. Certes, il était rempli d'erreurs que j'ai corrigées en publiant, en 1866, un gros volume sur le même sujet, dont je parlerai.

Mon père voyant que mes classes étaient terminées ; que j'avais 18 ans, âge où il faut se décider à donner un état hono-rable, quitta Paris pour venir résider à Clermont-Fd et s'y installa à la fin d'août 1858, rue Blatin, 13, où nous restâmes jusqu'en 1858 Cette dernière année et le 23 août, mes grands parents, vendirent leur beau domaine des Fraux à M. Narjot de

Toucy, puis vinrent résider en rentiers, à Clermont-Ferrand, où mon grand père Tardieu est mort en 1862 et ma grand'mère, son épouse, en 1867.

En arrivant à Clermont, en octobre 1858, le docteur Pierre Bertrand, médecin fort estimé, ami de mon père et notre parent, me proposa de classer les archives de Mme Peghoux de Seymiers C'était une jeune dame très spirituelle et fort belle, qui s'intéressait aux études d'histoire et d'archéologie, femme rare qui, certainement, a décidé ma vocation. Pour un travail d'archives de 15 jours, elle me remit généreusement 500 fr. C'était un beau denier pour un tout jeune homme de 18 ans. Je fis alors, pour Mme Peghoux, un manuscrit généalogique, richement illustré sur la famille de son mari, fort ancienne à Clermont-Ferrand ; et, depuis ce genre difficile de manuscrit m'a amené à en écrire d'autres pour les familles d'Auvergne, savoir : Savaron (en 1859), de Chabrol, de Névreze, de Matharel, de Cousin de la Tour-Fondue, de Cordebœuf de Beauverger, de Montgon, de Laval Pasquanet de Pierrebrune, Villot de Boisluisant, Chaudessolle, Rodde de Chalaniat, de Bonnevie et l'antique maison d'Ussel, en Limousin. Pendant l'arrière saison de 1858, je m'étais rendu à Messeix. Je visitais le village de Vedrines. situé à peu de distance. Là, M Gustave Grange, alors jeune et savant antiquaire, à Clermont-Ferrand, avait fait de belles fouilles archéologiques et trouvé des objets gallo-romains de haut intérêt. Vedrines était sûrement, une villa somptueuse gallo-romaine détruite par les Vandales Je vis alors M. Grange, et j'ai apprécié sa valeur jusqu à sa mort en 1903.

Pendant que j'habitais Clermont-Fd, 13 rue Blatin (1859), je dressai un arbre généalogique très grand et sur toile de la famille d'Autier, qui est possédé par Henri Renaud, à Troyes (1) Cela m'amena la visite de M. le comte d'Autier, homme de grand ton et de beau caractère, alors résidant au Château de Barmontel, près d'Herment et qui m'a laissé un souvenir, inoubliable. C'était un gentilhomme de vieille roche. Il avait le secret de ces belles manières d'antan, trop rares de nos jours. A cette époque aussi je fis une connaissance précieuse : Celle de M. le comte Louis de Bonnevie, résidant au château d'Aubiat (Puy-de-Dôme) et qui, jusqu'en 1890, qu'il est mort, a été d'une générosité grandiose pour mes travaux, souscrivant souvent à mes publications, pour 4 et 500 francs chaque fois. J'ai été à Aubiat, comblé d'affection et de largesses. J'ai pleuré M. le

---

(1) Cet arbre, grand travail héraldique et généalogique a été commencé en mars 1859 et fini en mai.

AMBROISE TARDIEU

En 1861, âgé de 21 ans

D'après un dessin du célèbre Courtois, fait à Clermont-Fd.

comte de Bonnevie, comme un père. A Aubiat, je fis la connaissance de M. l'abbé Uhlrich, aujourd'hui curé à Orbey en Alsace-
Lorraine, et qui charmait toujours par ses réflexions logiques et
et sa science profonde. Enfin, j'eus le plaisir, rue Blatin, de
recevoir un tout jeune homme d'alors, M. le conte Anatole de
Cousin de la Tour-Fondue, pour lequel j'exécutais un grand
manuscrit généalogique et qui était doué d'une merveilleuse
intelligence à la disposition d'un goût extrême pour les arts.

Nous quittâmes le logement de la rue Blatin 13, en 1860,
pour aller résider même rue, N° 3 dans la maison Gorsse, l'une
des plus belles de la ville ; et, là, nous sommes restés 19 ans,
jusqu'en 1879, passant les étés à Herment, dans notre propriété.
Je fis, de 1860 à 1879 de longues recherches historiques lorsque
j'étais dans la maison Gorsse, soit aux archives départementales
du Puy-de-Dôme, soit à Paris, ou dans divers châteaux et bibliothèques de France, tout cela en vue de mes grands ouvrages
dont je donne la rapide nomenclature à la fin de ce volume.
Me voici donc installé maison Gorsse, en 1860. Clermont-Fd
ne pouvait pas faire exception à un centre provincial par l'esprit
de ses habitants. Je dirai donc que l'homme de lettres, condamné
à vivre dans une ville de province, est exposé à bien des luttes.
Le moindre inconvénient est de n'y trouver que de rares personnes qui le comprennent. La sottise et l'envie s'attachent à
ses pas ; mais il faut se montrer indifférent et fuir les jaloux.
Ceux-ci sont alors totalement déconcertés. Je m'isolais le plus
que je pouvais et je m'en trouvais toujours bien.

Au début de mon arrivée à Clermont, mon père me mit clerc,
chez un notaire, M. Coupelon, ami de la famille. J'y restai 15
jours au plus, voyant très bien que je ne ferais jamais un notaire
et même, chez M. Coupelon, au lieu de griffonner du papier
timbré, je me mis à fouiller les vieilles minutes; ce à quoi il ne
me découragea pas du tout. Or, à mon arrivée à Clermont, mon
père m'avait amené à un érudit, à M. Michel Cohendy, archiviste départemental du Puy-de-Dôme, son ancien camarade, à
Paris, qui, pendant 18 ans, depuis, a été un conseil et un guide
dans les longues recherches que j'ai faites pour mes travaux
aux mêmes archives départementales. M. Cohendy décida mon
père à me laisser suivre mes goûts d'histoire et d'archéologie ;
et c'est en partie à lui que je dois ma vocation littéraire mise à
exécution. Il me guida comme un père, avec un goût sûr, et
il m'apprit à lire les anciennes chartes ; aussi puis-je dire avec
raison que je suis paléographe.

En 1860, je commençais à m'occuper de former une bibliothèque de livres d'histoire, d'art et d'archéologie; de sorte que,

vingt ans plus tard, j'avais accumulé, à Herment, dans l'habitation que j'occupais, environ 10.000 volumes, dont beaucoup de précieux et rares, 5.000 portraits gravés, des estampes, des tableaux, des gravures diverses. Cette année une dame d'esprit, Madame de Loisel, restant à Clermont (morte depuis très-âgée) m'écrivait : « Vous avez le goût des choses d'art et vos 20 ans sont un joli défaut... » A cette époque, j'eus la bonne destinée de rencontrer M. le Vicomte de Matharel, qui avait fait, de son château de Lagrangefort, près d'Issoire, une merveille de l'Auvergne, où les objets d'art étaient sans nombre. Je fis, pour lui, deux manuscrits : *Le Livre d'Or de la Grangefort* et plus tard, *Le Livre d'Or du château d'Usson*. Pendant longtemps, j'ai reçu, à cette forteresse, si curieuse de Lagrangefort, un accueil admirable. Le savant et intelligent châtelain est mort ; mais son fils m'a continué son amitié qui m'est précieuse ; et l'épouse de ce dernier, est, je dois l'ajouter, une grande dame des illustres de Montgolfier ; elle est artiste, aimant les collections.

1860. Voyage au château de Chaludet, près Crocq (Creuse), où j'avais un parent, M. Fillias de Chaludet, marié à Mlle Elvia Peyronnet, cousine germaine de ma mère ; de ce mariage est née Mme la Comtesse d'Ussel, actuelle, qui réside au dit Chaludet. Avec le père de celle-ci je visitais, près d'Auzances (Creuse), l'ancienne famille de M. le baron de Pierrebrune, puis la famille de Ligondès, au château du Leyrit (Creuse).

En 1861, je rendis visite à M. le marquis et à Mᵐᵉ la marquise de la Roche-Aymon, au château de Mainsat (Creuse). J'ai gardé grand souvenir de ce voyage. A Mainsat, je trouvai une famille digne de haute sympathie. Je vis, là, une galerie de portraits incomparable ; j'admirais Mme la marquise de la Roche-Aymon, une grande dame qui recevra, ici, l'hommage profond de ma gratitude et l'éloge de son bel esprit.

1861. Un grand artiste, M. Courtois, exécute à Clermont-Fd, mon portrait aux deux crayons, chef-d'œuvre d'art et de facture. M. Coutois était de passage à Clermont-Fd où il a laissé quelques portraits du même genre, admirés des vrais connaisseurs.

6 juin 1861. Je suis reçu membre de la Société du Musée de Riom, composée alors de l'élite des érudits d'Auvergne, entr'autres de M. Mandet et du savant M. Gomot. Le musée de Riom a été créé en 1860. C'est en 1861 que je faillis quitter ce monde, tombé dangereusement malade d'une péritonite. Sitôt guéri, je me rendis à Notre-Dame d'Orcival ; de là, à Avèze (Puy-de-Dôme), chez M. Fernand Guibail, un camarade de classe et, avec lui, au château de Bassignac (Cantal), puis à

celui voisin, de Sourniac, chez l'excellent M. le comte de Sartiges, qui m'a laissé, lui et les siens, un souvevenir précieux.

1861. J'entrepris, à Riom, aux archives du greffe de la cour, mal éclairées alors, mal tenues, avec un savant et très remarquable généalogiste, ami, M. Alphonse de Sablon du Corail, (mort en 1890), de grandes recherches en vue de mon *Histoire généalogique de la maison de Borredon*. M. du Corail dressa alors la plupart des généalogies des familles notables de la ville de Riom, qui possède son intelligent et bienveillant fils.

24 avril 1862. Mort à Clermont-Fd, de mon grand père Joseph Tardieu, âgé de 81 ans et qui résidait dans cette ville depuis 1859.

11 décembre 1862. J'obtiens, en séance publique, de l'Académie des sciences arts et lettres de Clermont Fd, une grande médaille d'or pour mon *Histoire de l'abbaye de l'Eclache*, manuscrit que j'illustrai de peintures et blasons et qui est conservé à la bibliothèque de Clermont-Fd.

1863. Je fais le voyage de St-Etienne-les-Orgues (Basses-Alpes), où était né mon grand père et où se trouvait le berceau de mes ancêtres. Je reçus l'hospitalité chez un cousin, M. Testanière, au vieux château de ce chef-lieu de canton. J'y trouvai une très vieille sœur de mon aïeul, épouse de M. Tourniaire et l'une des plus fortunées de ce bourg. Là, je reçus un accueil inoubliable. Je suis retourné en 1892, dans cette pittoresque localité. C'est alors que je fis visite, à Barcelonnette à un parent éloigné et estimable, M. Albert Tardieu, juge d'instruction, mort en 1893.

1863. Je publie l'*Histoire généalogique de la maison de Bosredon*, volume in-4° de grand luxe, épuisé sitôt paru et fort rare de nos jours. Cet ouvrage, qui coûtait 100 francs en souscription est côté 150 et 200 francs depuis ; un exemplaire de grand luxe a été vendu 500 francs.

7 janvier 1864. Je suis nommé membre correspondant de l'Académie des sciences arts et lettres de Clermont-Ferrand. Je reste sociétaire 33 ans et je donne ma démission par lettre datée d'Alger, le 13 décembre 1897, ne pouvant plus me rendre aux réunions à cause de mon grand éloignement.

1864. Je vais au château du Miral, où je trouve le châtelain, M. Elie de Miral, homme aussi distingué par son esprit et son goût des livres et des arts, que par ses nobles manières. Je trouve, au Miral, de précieux portraits et des toiles de prix. J'ai gardé grand souvenir de ce voyage et du châtelain si intelligent.

1865. A cette date, je dois faire l'éloge de feu M. Michel Chassaing, qui résidait à Sauvagnat (Puy-de-Dôme), près d'Herment. Combien de fois ce noble cœur m'encouragea ! C'était un artiste, un savant collectionneur d'estampes. Il est mort enlevé trop jeune à la science.

1865. Vente à Paris, aux enchères publiques, de la collection de portraits sur l'Auvergne de feu M. Desbouis, bibliothécaire de la ville de Clermont-Ferrand. Cette superbe et rare collection méritait d'être achetée par la ville de Clermont. Incomprise et faute d'auvergnats iconophiles, elle se vendit à un prix dérisoire ; j'y achetai quelques portraits précieux.

1866. Je publie l'*Histoire du pays de la ville et de la baronnie d'Herment*, volume in-4° de luxe, devenu introuvable, et qui m'avait demandé une foule de recherches, livre objet de toute ma pensée, depuis 1851, âgé seulement de 11 ans, quand j'étais à Paris.

1866. Appelé à la Sauvetat (Puy-de-Dôme), par l'amitié de M. de Douhet de Villossanges (décédé depuis). camarade de classe de mon père, j'y suis reçu bras ouverts ; et, là, je trouve la famille Rodde de Chalaniat, près parente de M. de Douhet, dont j'admire la cordialité. Il y avait une jeune fille de dix-huit ans, fort riche, rare d'intelligence et d'une charité plus rare encore, dont la bonté et les réflexions de haute sagesse me transportèrent d'admiration. Depuis, elle est entrée dans un monastère cloîtré.

1866. Pendant l'hiver, je me rends à Toulouse ; et je descends au grand Hôtel *Capoul*. J'y réside un mois et j'y fais connaissance de M. Antoine-Maxime Capoul, le propriétaire de l'hôtel et de sa femme, née Phani Duffour. M. Capoul me comble d'égards; et c'est alors que j'appréciais son tact, sa belle intelligence et celle de sa femme qui, elle aussi, me prodigua sa bonté J'eus le plaisir d'avoir pour ami M. Henri Capoul, leur fils, mort depuis, enlevé, hélas à la fleur de l'âge. J'ai vu, en 1869, à Paris, le frère éminent de ce dernier, M. Victor Capoul, qui restait alors rue Caumartin. Ce grand artiste né à Toulouse, et que j'ai suivi avec un vif intérêt, m'avait déjà charmé à l'Opéra-Comique par son talent si admiré. Personne mieux que lui n'a su trouver le secret de la grâce et du grand genre, sur la scène. Il a toujours excellé à charmer ses auditeurs par sa précieuse voix de ténor, et peut-on voir plus bel acteur dans ses rôles ? Il a fait l'admiration de tout Paris ; aussi, passera-t-il à la postérité comme modèle incomparable. M. Victor Capoul, aujourd'hui directeur de la scène à l'Opéra de Paris, est, pour moi, un ami pour lequel j'ai un culte affectueux. Il ne mériterait pas quelques lignes ; mais un volume entier. Un tel artiste est un bienfait donné à l'art français !

Janvier 1867. Constatons que lorsque le calme le permet les affaires vont au mieux et l'argent se déverse sur les commerçants. Eh bien, à cette époque, la politique était peu compliquée et permettait des fêtes nombreuses. C'est ainsi que les bals travestis se multipliaient au profit des négociants. A Clermont-Fd, M. le général de division comte d'Exéa, donna un bal costumé splendide. Je me fis faire à Paris, chez Baron, le grand costumier de la rue Richelieu, un costume travesti de l'époque de François Ier dont a une idée à la gravure de ce volume et qui figura au bal du général.

4 février 1867. Mort à Clermont-Ferrand de ma grand'mère Tardieu, née à Messeix, femme d'un cœur admirable, de belle intelligence et de grande et haute générosité. Elle avait près de 80 ans et s'éteignit sans aucune souffrance. Je la fis enterrer à Herment où elle repose à côté de mon père et de ma mère.

1867. Année de l'Exposition universelle à Paris, que je visite. Appellé, au mois d'août, à Bade, dans le grand duché, lieu alors célèbre, par ses jeux, j'y vais rejoindre un français éminent, grand personnage parisien, qui avait besoin de mon aide pour des travaux historiques. J'y arrive à la fin du mois d'août. Je retrouve le savant qui me faisait venir, accompagnant la richissime princessse Souvarow, rentée, disait-on, de 8 millions. J'ai le bonheur d'être de la suite de cette grande et si belle dame. Un jour qu'à Bade j'avais une canne, du prix de 11,000 francs, couverte de diamants et qui m'avait été prêtée par le haut personnage, j'étais chez un bijoutier. Entre un homme respectable qui regarde ma canne et me demande si elle était de facture Allemande. Je lui réponds de mon mieux et, j'apprends, quand il était sorti, que c'était le roi de Prusse Guillaume. Un autre jour, j'accompagnais la princesse Souvarow. Comme elle connaissait le roi, déjà l'objet de la précédente anecdote, je suis prié, par elle, de m'asseoir, au concert du Kursaal, sur le premier rang où se trouvait le souverain ; mais 9 à 10 places plus loin. Cette circonstance m'apprit qu'en Allemagne la cour était d'une simplicité extrême et admirable.

20 Juillet 1868. Date fatale ! Etant allé, de grand matin, diriger des ouvriers qui blanchissaient notre maison à Herment, je tombais d'une échelle, à une grande hauteur. Je me brisais l'avant-bras gauche. Un malheureux docteur-médecin, appelé en hâte, manqua d'expérience en plaçant un appareil de fracture contraire aux règles de l'art et faillit me perdre la vie ! Je le poursuivis en dommages-intérêts, au tribunal civil, à Cler-

Ambroise TARDIEU

En 1867, âgé de 27 ans, au bal travesti de M. le général de division comte d'Exéa,
à Clermont-Ferrand.

mont-Fd, procès perdu pour lui, qui fit grand bruit et lui coûta' plus de 12,000 francs. Enfin après des craintes, bien pénibles, je gardais l'usage complet de mon bras ; mais non celui de la main. L'illustre chirurgien Nélaton me donna des soins bien nécessaires à Paris, en gémissant de l'ignorance de ce médecin coupable.

2 mars 1869. Je suis reçu membre de la Société française d'archéologie (lettre signée à Caen. par le célèbre archéologue de Caumont). Le 2S décembre 1888, une autre lettre, signée Palustre, directeur alors de la société, me confirme dans ma réception de 1869.

19 et 20 octobre 1869. M. Guillaume de la Farge, qui résidait au château de Rioux, voisin d'Herment, fait une visite de 2 jours à ma famille à Herment. M. de la Farge que j'ai connu en 1858, et que j'ai vu jusqu'à sa mort, arrivée le 31 octobre 1881, était d'un faste inouï et d'une générosité extrême. Ses repas s'élevaient, toujours, quand il était seul, aux grands restaurants de Paris, à 100 francs le moins et jusqu'à 500 francs, pour 5 ou 6 personnes. Un jour, il me pria de louer, pour lui, à l'Opéra, la loge du Président de la République (M. Thiers) : car cette loge pouvait être louée. Eh bien, elle coûta 400 francs et nous n'étions que 3 personnes dans la loge.

1870. J'étais à Clermont-Fd, au moment de la proclamation de la guerre avec l'Allemagne. Qui dira les angoisses que je ressentis au deuil de la Patrie ? Mon père, toujours plein d'espérance, voyait, certainement avec son grand cœur ; mais, je réfléchissais hélas, aux revers annoncés et qui s'accumulaient. Je ne m'étendrai pas ici. Le sujet est trop triste. Disons cependant, qu'à Herment il arriva deux regrettables surprises qui prouvent l'état d'esprit de la population. Un jour, on chanta un *Te Deum* dans la vieille église à la nouvelle de la défaite des Prussiens, fausse nouvelle trop vite connue ; une autre fois, la peur s'empara de la population entière sur une autre nouvelle que les mêmes arrivaient dans le pays ; ce qui était aussi faux que la première fois.

1871. Mon frère, le docteur Tardieu, qui fut décoré de la Légion d'honneur pour actions de guerre, en 1870, se porta conseiller général pour le canton d'Herment. Quoique républicain, il dut, surtout sa nomination à la popularité de mon père et un peu à ce que je fis pour lui. Bien des électeurs me disaient : mais c'est bien vous qui vous présentez ? Or, j'étais trop un homme de science, tenant à m'éloigner de toute politique, restant humanitaire, ami de la justice et de la liberté, dévoué, par caractère à celui qui travaille et qui est malheureux. Le docteur

Tardieu resta, 6 années, conseiller général ; puis, il se retira, obligé de résider au Mont-Dore comme médecin.

1871. Mon grand ouvrage de *l'Histoire de Clermont-Fd* est terminé. Le premier volume paraît la même année. Le conseil général m'alloue 1.500 francs avec un rapport constatant que j'avais élevé un *vrai monument* à ma ville natale. Le 2e volume de cet ouvrage, fut livré en 1872. La ville de Clermont, de son côté, souscrivit pour 400 francs.

1872. (Juin). Le célèbre graveur Léopold Flameng me propose de graver mon portrait à l'eau forte, dont le prix ne serait que de 500 francs, *en considération que j'appartiens à la famille Tardieu qui compte des illustrations à Paris.* Le prix de 500 fr. était modique pour un si grand artiste. J'ai regretté de n'avoir pas donné suite à cette proposition gracieuse.

5 Juillet 1872. Dans la séance de ce jour, le conseil municipal d'Ambert (P-de-D) me remercie vivement du don que je lui avais fait d'une série d'importantes archives de la ville qui m'avaient été remises par Mme de Vénancourt, héritière de l'abbé Grivel et rend hommage à cet acte de courtoisie.

Août 1873. A l'exposition universelle de Vienne (Autriche), j'obtiens la grande médaille de mérite, pour l'*Histoire de Clermont-Fd*, exposée par le Ministère de l'Instruction publique de France. M. Buisson, délégué français, me complimenta vivement en m'annonçant cette nouvelle. On verra que l'empereur d'Autriche m'a décoré, en 1875, pour cet ouvrage.

2 septembre 1873. Les ouvriers de l'imprimerie Desrosiers, qui ont composé et imprimé l'*Histoire de Clermont-Fd*, m'écrivent collectivement une lettre de chaudes félicitations pour la médaille précédente. Cette lettre est un précieux souvenir.

1e Mai 1874. J'obtiens la décoration de l'ordre de St-Grégoire-le Grand, pour mon Histoire de Clermont-Fd, remise au Saint-Père par l'Ambassadeur de France lui-même et l'entremise de l'éminent cardinal Antonelli.

20 février 1874. Mort à Aurières (Puy-de-Dôme), à l'âge de 75 ans, dans une antique habitation de famille, de ma grand-mère maternelle, Jeanne Hugon, épouse de Félix Peyronnet. C'est dans ce vieux logis où elle est décédée, qu'on trouva une clef curieuse, dite de St-Hubert, au moyen de laquelle et avec certaines prières, on guérissait les chiens de la rage. Cette grande clef intéressante est en ma possession. Elle a 46 centimètres de longueur. J'ai publié une notice sur elle dans le *Bulletin Monumental*, année 1882

6 janvier 1875. Par lettre officielle, le Ministre de l'Instruction publique (M. de Cumont) me félicite vivement pour mon

Histoire de Clermont-Ferrand et me remercie du don gracieux que je venais de faire d'un exemplaire à la bibliothèque des Sociétés savantes.

17 février 1875. L'empereur d'Autriche me décore de l'ordre de François-Joseph, par une lettre autographe de sa main adressée au Grand Chancelier, pour l'*Histoire de la ville de Clermont-Fd* ; et me fait envoyer, par son ambassadeur de France, une croix en or, fort belle, de cet ordre. (Voir ci-dessus en 1873).

1875. Publication de mon volume *Histoire de la ville de Mont-ferrand*, complément de l'Histoire de Clermont-Ferrand ; et, la même année, de l'in-4° traitant de l'*Histoire de l'Administration municipale* de 1849 à 1869, c'est-à-dire, au temps où l'excellent maire de Clermont-Ferrand fut M. Léon de Chazelles.

1875. Mlle Octavie Azan de Valadous peint, d'une manière magistrale, mon portrait, œuvre très appréciée des artistes, et, la même année, au mois d'août, elle et sa sœur Mathilde, viennent à Herment où Mlle Octavie, déjà citée, peint aussi une superbe vue de ce chef-lieu de canton. La famille de ces demoiselles avait connu la mienne à Messeix, où elle possédait le château voisin de la Vialle, et Mlle Mathilde, pianiste de grand talent, est la filleule de mon père.

1876. En novembre, l'abbé Michon, le célèbre inventeur de la *Graphologie*, vient faire des conférences à Clermont-Fd. Comme il était né à la Roche-Fressanges, près d'Herment, il rend visite à mes parents, et, depuis, jusqu'à sa mort, arrivée en 1881, nous avons conservé des relations cordiales. J'ai, de ce savant célèbre, une suite de lettres précieuses où il glorifie mon père et vante l'aménité et la bonté de ma mère. Voici, au surplus, les termes d'une lettre du 27 novembre 1876. « Dites à la gra- « cieuse maman combien j'ai été sensible à son si bon accueil « et au papa quelle estime je fais de son esprit, de ses idées « élevées, de sa distinction. »

A l'arrière-saison, M. Lemaigre, organiste du grand orgue de la cathédrale de Clermont-Ferrand, vient nous voir à Herment, et se fait entendre avec grand succès sur l'harmonium de notre salon. M. Lemaigre a été, depuis, habile chef d'orchestre des concerts du parc du Casino de Royat. Il est mort plein de jeunesse encore, très regretté.

1876. M. Léon de Chazelles, qui avait été député du Puy-de-Dôme et président de l'Académie de Clermont-Fd, vient me trouver à Clermont-Fd et me propose généreusement de me remettre 10,000 francs pour publier, à cent exemplaires, et distribuer aux grandes bibliothèques, un album historique orné de 100 photographies des églises, ruines et curiosités du Puy-de-Dôme. Ce vrai Mécène, meurt peu après, à Cannes (Alpes-Maritimes). Ce fut une grande perte pour les arts et les lettres. J'allais trouver son fils Étienne et je lui annonçais courtoisement que je renonçais aux 10 000 francs de son père, me contentant de mes voyages exécutés déjà, c'est à dire de 500 francs, abandonnant le projet de son savant père.

1876. J'entreprends à Paris, (ce qui fut très coûteux) de faire collection de tous les portraits gravés ou lithographiés de personnages nés dans cette ville. De 1876 à 1885, je poursuis ce travail avec courage, ayant pris jusqu'à un secrétaire comme aide. Je puis collectionner à grands frais, près de 5.000 portraits ; ce qui donne lieu au *Dictionnaire iconographique des Parisiens*, utile in-8, que j'ai publié en 1885, avec portraits rares reproduits.

25 Juillet 1876. Le Préfet du Puy-de-Dôme m'envoie une lettre officielle pour assister à l'inauguration de l'observatoire du Puy de-Dôme qui devait avoir lieu le 22 août.

1876. A la fin de 1876, voyage à Bruxelles et puis à Londres. (Voir p.ge 5).

1877. Publication du *Dictionnaire historique du Puy-de-Dôme*, œuvre qui m'a demandé 18 années de travail et qui se vend le double du prix primitif actuellement.

1878. Mon *Dictionnaire biographique du Puy-de-Dôme*, qui a 100 beaux portraits lithographiés par M. Mercier, un grand artiste parisien, paraît et s'épuise aussitôt imprimé.

1878. Visite au château de Montagne (Puy-de-Dôme), chez M. le marquis de Montgon, homme spirituel et franc, au sujet d'un beau manuscrit que j'avais écrit et illustré sur son antique famille. Je trouvais, là, Madame la marquise de Montgon qui, au charme d'un grand nom, avait un cœur excellent, de plus un tact et une intelligence rares.

Août 1879. Mes parents quittent Clermont-Ferrand où nous étions restés vingt-un ans, rue Blatin, tous les hivers ; et, depuis lors, jusqu'en 1894, je n'ai cessé de résider à Herment.

28 octobre 1879. Mort à 62 ans, à Clermont-Ferrand, de M. Joseph, dit Aimé Mazuer, célibataire, petit rentier et neveu du dernier doyen du chapitre d'Herment, en 1730, né à Herment, fils d'Antoine-François Mazuer, notaire. Il avait conservé de précieuses archives de ce chapitre que j'ai heureusement consultées et que je crois perdues ; ce qui est regrettable ; car il les a léguées à un marchand de charbon, à Clermont-Fd, nommé Vallette. On ignore ce qu'est devenu ce dernier qui était allé résider à Paris.

1880. J'habitais à Paris. Mes parents m'y rejoignirent au printemps.

Janvier 1881. Je pars de Paris et je vais à Rome, à Naples, en Sicile, à Malte, en Tunisie (voir ce voyage page 8). S. A. le Bey de Tunis me donne, au sujet des fouilles archéologiques d'Utique, la croix d'officier du Nicham-Iftikar, avec grand diplôme sur papier de luxe parcheminé. En revenant de Tunis, et me trouvant près de San Remo, en Italie, je fais voyage, en chemin de fer, de première classe, avec un très riche anglais, négociant à Londres, accompagné de sa femme. Ils n'avaient pas d'enfants, mais une nièce, alors en Angleterre; et comme j'étais célibataire, ils me proposèrent un mariage. Certes, une véritable étoile parut sur mon chemin ; mais elle brilla peu de temps ; car je répondis que mes parents étaient âgés et que je ne voulais pas les quitter.

Janvier-février 1882. Je découvre, commune de Voingt (Puy-de-Dôme), non loin d Herment, la ville gallo romaine de *Beauclair*, aidé, dans les frais de fouilles, par un érudit généreux, M. François Boyer, à Volvic (Puy-de-Dôme), mort en 1903. Mon père, avec une sagacité admirable, indique les territoires à fouiller. Nous trouvons, bientôt, un temple avec des peintures murales superbes et bien conservées, une nécropole de laquelle nous extrayons des vases précieux, dont un avec une curieuse inscription, etc. Peu après, arrivent une foule de visiteurs et de tous les côtés d'Europe, des lettres de félicitations des plus éminents savants, tels que M. Layard, M Oppert, le P. de la Croix, etc. J'ai publié, sur ces fouilles, un important mémoire avec belles planches. Cette découverte, qui fit un grand bruit dans tout le monde savant, m'ouvrit les portes de l'Institut archéologique impérial d'Allemagne. Encouragé, je poursuivis ces fouilles en plaçant des ouvriers : 1° au-dessous d'Herment, dans un emplacement dit *le couvent*, où je pus constater que là avait existé au XIVe siècle un bâtiment alors à la commanderie de Tortebesse (Puy-de-Dôme) et détruit, en 1367, par les routiers anglais, quand ils prirent Herment ; 2° dans un terrain, dit aussi *le couvent*, non loin de Laussepied, près d'Herment, et qui me parut conserver quelques restes d'une construction gallo-romaine ; 3° sur des ruines, près du village de Rauzet, non loin d'Herment, où je découvris une villa gallo-romaine avec belles peintures murales, des débris de poterie rouge, dite samienne, etc.

Mars 1882. Je me rends à Besançon (Doubs) et je fais la copie d'un merveilleux tableau sur parchemin, donnant l'épitaphe de Guillaume de Bosredont, baron d'Herment, à l'origine dans l'église de cette petite ville. Ce tableau, de 1497, est vraiment une haute curiosité. La copie a été prise par moi, pour M. le comte de Bosredont, à Bourges. L'original appartient à madame la marquise de Lisa de Châteaubrun (château de Noironte (Doubs).

1882. Publication du volume intitulé : *Pontgibaud, en Auvergne, la ville, le château, le comté, les mines*, beau volume illustré, in-8° dû à la générosité de M. le comte César de Pontgibaud, un gentilhomme de grandes manières, à l'esprit rare, au cœur plus rare encore, dont la mémoire restera chez moi inoubliable. C'était un poète de haute valeur et un amateur émérite de tableaux, un littérateur excellent.

23 novembre 1882. Je suis reçu membre correspondant de l'Académie des sciences, belles-lettres et inscriptions de Toulouse.

De janvier à août 1883, je reçois une série de très précieuses lettres de M. Helbig, le grand archéologue allemand, de l'Institut archéologique d'Allemagne. Cet érudit, qui est considéré, à bon droit, comme le plus grand archéologue contemporain d'Europe, m'a charmé par son aménité et ses communications concernant ses découvertes en Italie. Je n'oublierai jamais sa cordialité et ses bienveillantes appréciations à mon égard que je regarde comme les plus importantes que j'ai reçues en ma vie, · vu la haute personnalité qui les consacre.

6 janvier 1883. Me trouvant à Nice, j'assiste, en spectateur, à l'enterrement de Gambetta. Les funérailles terminées, j'ai l'occasion de rencontrer l'un des plus grands amis du célèbre défunt, qui venait d'accompagner le père de ce dernier au cimetière et que je ne veux pas nommer (c'était un homme politique bien connu). Il me raconta ce qui arriva à Ville-d'Avray, à Gambetta, au sujet de son accident et m'affirma que celui-ci était une fable. C'est ainsi que j'ai pu me faire une opinion sérieuse sur cet évènement historique tant discuté.

12 janvier 1883. J'ai le véritable honneur d'être reçu membre correspondant de l'Académie royale d'histoire de Madrid, l'une des grandes sociétés savantes d'Europe.

Février 1883. Je me rends à Venise où je réside trois mois (février, mars, avril). Voir page 22. Pendant mon séjour, un grand artiste autrichien, le comte del Torre peint mon portrait sur acajou et me fait gracieusement cadeau de cet objet d'art de valeur.

2 mars 1883. L'Académie des sciences, arts, belles-lettres, de Marseille me nomme membre correspondant.

24 avril 1883. Je suis nommé membre correspondant de l'Ins-

titut impérial archéologique d'Allemagne. (Lettre officielle n°
456, signée Henzen, 1°° secrétaire de l'Institut archéologique
d'Allemagne). Ce grand honneur m'était dévolu à la suite de
ma découverte de la ville gallo-romaine de Beauclair. (Voir en
1882, page 100).

6 Juillet 1883. Je suis reçu membre correspondant de l'Académie des sciences, belles-lettres et arts de Rouen.

1883. Je fais construire une serre chaude à Herment, attenante
à mon habitation. J'avais des orchidées et des fleurs rares en
plein hiver. C'était merveille de voir ces belles corolles en pleine
neige et ces feuilles vertes par de rudes frimas. A cette époque,
mon père qui était violoniste et moi pianiste, nous donnions
souvent. de véritables concerts dans notre salon d'Herment. J'y
tenais l'harmonium. Là, se rassemblaient des amis ; nous exécu-
tions surtout, la musique du grand Mozart, celle de Verdi, de
Grétry, d'Hérold, de Donizetti, de Rossini et de Boëldieu. Heureux temps ! J'ai donné mon harmonium à l'église d'Herment,
c'est à dire à la paroisse, en quittant cette localité en 1894.

1883. Je suis appelé à St-Flour par Mme de Sauret d'Auliac,
née d'Aurelle de Paladines, fille de l'estimé général marquis
d'Aurelle de Paladines (mort en 1877). Cette grande dame, de
rare intelligence et de cœur plus grand encore, mérite tout
éloge par les choses d'érudition dont elle m'entretint. En revenant, j'étais dans le coupé de la voiture, une dame très distinguée manifesta sa surprise en voyant un gendarme qui se dis-
posait à prendre la 3ᵐᵉ place du coupé, à côté de nous. Ce fonctionnaire comprit qu'il exposait les malveillants à faire des
réflexions et se hâta de descendre.

21 mai 1884. Je suis reçu membre correspondant national de
l'Académie Stanislas, à Nancy.

Juin 1884. Je me rends en Bavière, en Autriche et en Hongrie
puis en Suisse. (Voir ce voyage page 29)

1884. Voyage à Melun au vaste château de M. Freteau de Pé-
ny, qui avait une collection de 100,000 portraits gravés. Cet
iconophile, très savant et obligeant, m'a laissé un grand souvenir.
Sa collection a été dispersée, vendue après sa mort.

1884. Je publie le *Dictionnaire des anciennes familles d'Auvergne*, avec blasons en couleurs, ouvrage devenu très recherché
et de toute rareté, dont le prix primitif (50 francs) a doublé et
qui m'a demandé des recherches considérables.

11 mai 1885. Je pars pour l'Espagne où je reste en excursion
2 mois (V. ce voyage page 41).

1885. Je publie un *Guide complet de l'Auvergne (Puy-de-Dôme)* avec 200 gravures, petit volume très apprécié du public, tiré à plusieurs mille et devenu très rare.

19 octobre 1885. La célèbre cantatrice, Mme Pauline Viardot, née Garcia, m'adresse une lettre précieuse, au sujet de mon *Voyage en Espagne* et termine en disant : « Si quelque jour le hasard ou la médecine m'amènent au Mont-Dore, me permettrez-vous, monsieur, de vous faire une visite et vous prier de me montrer votre collection de portraits ? »

28 novembre 1885. Je suis reçu membre honoraire du Conseil héraldique de France, à Paris, composé de sommités héraldiques, et qui a pour président M. le vicomte de Poli, ancien préfet. La lettre porte ces mots : « Permettez-nous d'espérer « que vous nous accorderez l'honneur de votre sympathie et, à « l'occasion, le secours précieux de votre haute érudition. »

13 janvier 1886. Je reçois, de l'illustre Alexandre Dumas fils, de l'Académie française, une lettre cordiale dont j'ai été toujours très touché. Ce grand littérateur m'adressait une collection superbe de ses portraits gravés comme souvenir ; et, depuis, jusqu'en 1893, j'ai plusieurs fois correspondu avec lui.

1886. J'obtiens, de la grande Société nationale d'encouragement, au bien, une médaille d'honneur pour divers ouvrages sur l'Auvergne. Cette Société est certainement l'une des plus sérieuses et des plus estimées de France.

1886. Publication de l'*Auvergne illustrée*, revue historique et archéologique qui dure 3 années suivies (1886-1888), avec 450 gravures. J'en fis don à un grand nombre de bibliothèques publiques de France et d'Europe. Cette publication, difficile et appréciée, a été faite à Herment, dans une petite localité, loin de tout centre intellectuel, ce qui est, peut-être, un vrai tour de force.

Juillet 1886. Je me rends à Lucerne en Suisse ; je visite les environs, notamment Altorf ; le lac des 4 cantons, etc.

1886. Visite, à Herment, de M. Georges Audigier, un voisin artiste et de haute intelligence. Je suis charmé de son goût pour les curieuses et belles choses. M. Audigier est de la famille de ce courageux historien d'Auvergne, le chanoine Pierre Audigier qui a écrit l'*Histoire manuscrite d'Auvergne*, et qui est mort en 1744. Il a été élu député depuis.

1886 (fin octobre). J'arrive à Alger pour la première fois, sur les conseils de mon père. J'y réside tout l'hiver et je rends visite à M. Tirman, gouverneur général de l'Algérie, ancien préfet du Puy de-Dôme, qui me reçoit très courtoisement et me gratifie de paroles fort encourageantes et cordiales.

.1887. Je quitte Alger, les premiers jours de février et je me rends à Monaco. Me trouvant à Nice, le jour du mardi-gras, j'y ressens le violent tremblement de terre. Je rentre à Monaco où je passe un mois et j'y ressens encore le phénomène, qui épouvante toute la population.

1887 (mai). Je retourne à Alger et, au mois de juin, je rentre en France par Port-Vendres, Toulouse (où je vois la belle exposition), Vichy, puis Herment.

11 octobre 1887. Mort à l'âge de 65 ans, au palais des Facultés à Clermont-Fd, de M. Justin Bourget, recteur de l'Académie de Clermont, homme aimable et bienveillant. Je salue sa mémoire ! Il a encouragé mes publications. J'ai de lui, une lettre admirable à ce sujet. Il était né à Savas Ardèche), fils d'un ingénieur civil. C'est le père de M. Paul Bourget, membre de l'Académie française dont les œuvres sont si appréciées des esprits éclairés et de goût.

1887. A la fin d'octobre, j'arrive à Montpellier. J'y vois le merveilleux musée Fabre, l'un des plus beaux de France. Je me rends ensuite, en décembre 1887, à Marseille ; de là en janvier 1888, à Rome où le Vatican avait alors une exposition admirable. A Rome. je trouve Mgr Chevalier, clerc national de France, grand érudit, qui me commente, sur place, les antiquités du forum. Je me rends ensuite à Naples. Je revois Pompeï, la Solfatare et je reviens au printemps à Herment.

1888. Publication avec M. Boyer (de Mérinchal) de l'*Histoire illustrée de la ville d'Auzances et du canton de Crocq* (Creuse), volume in-12.

4 Juin 1888 Je fais donc aux bibliothèques scolaires du Puy-de-Dôme de 270 exemplaires de mon *Guide d'Auvergne*. A ce sujet je reçois une lettre flatteuse de M. Micé, recteur de l'Académie de Clermont et, depuis, beaucoup de lettres d'instituteurs instruits et s'intéressant à notre vieille Auvergne.

8 Août 1888. Le *Journal de Royat* donne sous le titre : « *Un bénédictin laïque à Herment* ». une notice sur la visite du savant M. Emile Thibaud, doyen de l'Académie de Clermont, à mon musée d'Herment. Cette notice, est trop élogieuse pour celui à qui elle s'adresse ; mais venu d'un tel érudit elle était doublement précieuse.

1888. Novembre. J'arrive à Alger pour y résider l'hiver.

23 Février 1889. La reine d'Espagne me décore de l'ordre d'Isabelle la catholique, croix de chevalier, sur la proposition de l'Académie royale d'histoire de Madrid dont je suis membre correspondant. Cette *proposition* de la grande Académie a été un grand honneur de ma vie.

FOUILLES de la ville gallo-romaine
de Beauclair, près d'Herment (Puy-de-Dôme)
en 1882. La ville fut découverte par M.
Ambroise Tardieu ; ce qui fit grand bruit
dans le monde savant d'Europe. Les fouilles furent dirigées par M. Charles Tardieu
ingénieur, père du précédent

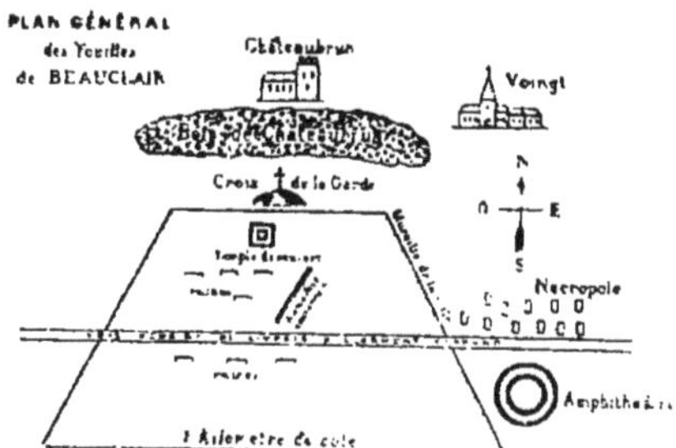

Plan des fouilles.

VASE FUNERAIRE GALLO-ROMAIN
des fouilles de Beauclair avec une
curieuse inscription.
Ce vase a 17 cent. de diamètre

Mai 1889. Après avoir résidé à Alger, tout l'hiver, en 1888, je vais, en mai 1889.à l'exposition universelle de Paris. C'est alors que je rends visite,à Asnières, à une célèbre artiste de la chorégraphie, Mme veuve Mérante, née Ziua Richard, dont le grand talent de première étoile avait charmé l'Europe entière. Elle avait 57 ans ; mais toujours gracieuse, l'esprit cultivé et la conversation admirable. Nous causâmes de son art ; et ses réflexions étaient empreintes d'une logique frappante et de haute philosophie. Je lui dis combien j'étais admirateur de son mérite et qu'elle avait charmé ma jeunesse. Elle me répondit que lorsqu'on est vieille on n'a plus d'amis. Je répliquais que les luttes de la vie permettaient de croire que l'on hésiterait à recommencer ce chemin mystérieux ; mais Mme Mérante me répondit que, pour elle, elle regrettait ses 20 ans ; et, de fait, elle avait raison Elle se hâta d'ajouter : « un vrai ami, comme vous monsieur Tardieu, ne devrait plus nous quitter ; restez ici », et si j'avais été libre j'aurais fini ma vie à la villa Zina où un si noble cœur résidait au milieu des arts ; mais mon père, était fort âgé et au lit de mort ; ce que j'observais à cette éminente artiste, qui mourut le 13 septembre 1890, âgée de 58 ans, seulement, laissant un impérissable souvenir.

Le Dictionnaire du XIXe siècle, qualifie, avec raison, Mme veuve Mérante de « femme charmante ». Son fils, M. Jules Mérante, architecte, habite à Paris et me permettra de porter ici, une fleur de souvenir à sa digne et admirée mère, qui représente la plus haute expression de l'art idéal. Moins d'un mois après cette visite, mon père mourut à Herment, le 11 juin 1889, à 10 heures du matin. Il emporta les regrets de toute la population et fut suivi au champs de repos par toute la localité et les habitants des villages voisins.

Voici un fait qui pourra être discuté par les railleurs et les sceptiques ; mais que je soumets tel quel, sans commentaires et sans me prononcer. Il a rapport à la mort de mon père. C'était à la fin du mois d'août 1889. Nous avions deux bonnes à Herment, dans la vieille habitation où était mort mon père ; l'une appellée Marie Barrier, veuve Tixier, dite *Champa*. d'un âge avancé (70 ans environ), intelligente et nullement crédule ; je vous le promets. Or, vers 1 heure après midi. elle monta au grenier de la maison et passa devant ma bibliothèque, dont la porte était entièrement ouverte. Cette pièce était éclairée par 2 très grandes fenêtres. Champa, en redescendant, sembla apercevoir une personne dans cette bibliothèque et reconnaître mon père, habillé tel qu'il était sur son lit de mort. Profondément étonnée, elle continua, néanmoins son chemin ; mais, réfléchissant en redescendant, elle remonta pour mieux se rendre compte de sa vision. Elle vit, dit-elle, toujours là, le personnage, tel qu'il était la première fois, regardant devant les livres d'un rayon, la figure tournée vers les livres et non visible ; mais elle trouva encore la même apparition vêtue comme nous venons de dire et reconnut, dit-elle, parfaitement, mon père. N'en pouvant croire ses yeux, quand même, elle descendit précipitamment à la cuisine, y trouva l'autre bonne et lui raconta tous ces détails. Gardez-vous, lui dit celle-ci, d'en parler à M. Ambroise Tardieu ; il n'y croirait pas ! Les deux bonnes se rendirent alors vers ma mère que j'entendis pousser des sanglots ! Croyant à un malheur, j'arrivai en courant. Alors, nous montâmes tous les 4 à la bibliothèque, où nous ne vîmes rien. Bien entendu, ce fait raconté trouva des croyants et des incrédules. Les sciences psychiques actuelles, relatent bien des choses de ce genre. Je laisse à d'autres le soin de les discuter. J'apporte le fait tel qu'il est, avec toutes mes réserves. Eh bien, peu de jours après, à la fin d'août, également, il était 9 heures du soir ; ma mère était à peine couchée dans un cabinet attenant au salon ; la bonne était alitée sur un matelas au milieu du salon ; j'étais aussi couché dans un cabinet voisin dudit salon. Tout d'un coup, j'entendis 3 coups très forts frappés non loin de moi. Ma mère cria que les 3 coups avaient été frappés près d'elle ; la bonne dit : « non, c'est sur un fauteuil, dans le salon ». Je ne savais que dire ! Nous nous levames et n'entendimes plus rien...

Novembre 1889. J'arrive à Alger et l'hiver précédent, m'étant rendu à une fête de la Maison Carrée, près d'Alger, avec ma voiture et mon cheval, un gendarme qui était sur la route, brisa, faute d'attention, une partie de cette voiture A la Maison Carrée un arabe militaire, auquel j'avais raconté le fait, me fit, faire un procès-verbal. Mal lui en prit ; je fus acquitté et l'arabe mal mené. Le gendarme qui avait occasionné ce débat ne se présenta jamais nulle part et bien lui en prit...

1890. Je passe le mois de janvier à Batna (Algérie) d'où je visite Lambèse, Thimgad et Biskra, puis Constantine (voir ce voyage page 54) Le 10 février 1890, je suis reçu membre honoraire du cercle militaire de Batna, sur la présentation de M. le général de la Roque ; puis je rentre en Auvergne, au printemps.

5 Juin 1890. L'éminent peintre Bonnat, à Paris, m'écrit une lettre flatteuse me disant que « si quelque heureux hasard m'amène dans votre belle contrée, j'irai certainement vous remercier de vive voix ».

1890. J'avais, sur l'affirmation intéressée d'un agent d'affaires véreux, que je croyais honnête, pris la résolution d'acheter un

grand et bel établissement de rapport, à Paris, ayant un gérant
à la tête. Mais le grand Paris est rempli d'escrocs ; à ce sujet, je
n'apprends, sans doute, rien. Cet établissement était une triste
affaire. Je dus donc, abandonner ma vieille maison d'Herment
au vendeur; mais par le fait, pour diverses raisons,(notamment
les impôts effrayants dont elle était grévée, les grandes répara-
tions des toitures et autres, l'entretien coûteux du grand jardin
et des cours ; à la maison, un mur important en ruine, qui
pourra s'écrouler d'un moment à l'autre et dont j'avais réparé
rapidement la vieillesse, l'éloignement d'un grand centre et le
manque de ressources matérielles d'ouvriers ; de là, la vie fort
dispendieuse), je ne la regrettais, en rien. Mes parents et jusqu'à
mon cousin. M. Louis Peyronnet-Gannat, riche propriétaire,
voulaient la racheter ; je les en dissuadai tous ; et je quittais
Herment en octobre 1894, pour aller résider à Clermont-Fd,
où nous trouvions, ma mère et moi, un climat meilleur et de
nombreux avantages. Ma mère fit son partage de famille ; et
grâce à la baguette d'un bon génie, je devins rentier viager,
assuré du nécessaire pour mes vieux jours, de sorte que celui
qui avait lancé son filet à Paris contre moi, n'en retira que de
l'ennui ; mais pas d'argent... Comme faible dédommagement
de l'épreuve précédente, j'obtins, en juillet 1890, pour la 2ᵉ fois,
une grande médaille d'or de la Société nationale d'encouragement au bien pour mes publications sur l'Auvergne et je fus
couronné en séance publique à l'hôtel de ville de Paris avec
diverses célébrités.

21 septembre 1891. Je suis nommé membre correspondant
du musée pédagogique des écoles militaires de St Pétersbourg
(Lettre officielle nᵒ 846).

Mars et avril 1892. Je reçois, à Herment, une série de précieuses lettres touchantes, d'une grande et intelligente dame,
madame veuve Meissonier, habitant à Paris, l'épouse de l'illustre
peintre. Elle m'y raconte une foule d'admirables faits concernant son mari, et gémit d'une mort qui la laisse isolée avec sa
mère. « Je suis comme vous, m'écrit-elle : je n'ai plus que ma
mère qui soutient mon courage chancelant. »

3 mai 1892. Mort au Puy (Haute-Loire) de M. Augustin
Chassaing. Né à Pontaumur (Puy-de-Dôme) en 1830, cet érudit
honore l'Auvergne par ses précieux travaux d'histoire et d'archéologie. Il était juge au tribunal civil. C'était un ami que j'ai
apprécié et beaucoup regretté.

1892. Je publie l'*Histoire illustrée de St-Gervais d'Auvergne*,
(Puy-de-Dôme), avec M. Augustin Madebène, volume in-12.

1893. Année de publication de l'in-4ᵒ, illustré de portraits .

nombreux et blasons de l'*Histoire généalogique des Tardieu,*
poussé par des centaines d'homonymes et parents, qui devin-
rent de précieux correspondants. C'est alors que je fis connaissance, à Arles, de M. le docteur Tardieu qui m'émerveilla par
une superbe collection d'étoffes anciennes, dont des robes
complètes du XVIᵉ siècle ; et à Paris, de M. Victor Tardieu, un
peintre de haute valeur, qui a dessiné à la plume, le portrait de
mon père, œuvre vraiment remarquable.

Octobre 1893. Je suis reçu à l'Institut héraldique italien, à
Rome.

18 mai 1894. Je suis nommé membre correspondant de la
grande société archéologique impériale de St-Pétersbourg.

23 août 1894. Voyage à Domrémy, au pays de Jeanne d'Arc.
Je passai à Beaune (Côte-d'Or) et à Savigny-lès-Beaune, bourg
voisin où je rendis visite à Mme Veuve Dumoulin, née Paulis,
riche propriétaire de vignobles, belle-mère de mon frère et
femme d'esprit, morte depuis. Je vis Dijon, ses musées, ses curiosités, puis Château-Thierry ; enfin, Domrémy, où il y avait une
grande fête religieuse qui avait attiré, dit-on, 50.000 personnes.
Je visitai la maison de Jeanne d'Arc. On m'y montra sa chambre. Près de cette maison, l'église où Jeanne fut baptisée. Je vis
le bois *chenu,* célèbre par l'apparition de St-Michel, de Ste-
Marguerite et de Ste-Catherine. Je rapportai un fragment de
bois de la chambre de l'héroïne et une branche d'arbre de son
jardin.

Octobre 1894. Nous quittons Herment et nous nous installons
à Clermont-Fd, dans un vaste logement, rue Bansac, ma mère
et moi.

20 avril 1895. Je suis délégué par l'Académie royale d'histoire
de Madrid au Congrès archéologique de France, à Clermont-Fd,
et, le même mois, je suis aussi délégué à ce congrès par l'Institut impérial archéologique d'Allemagne. Ce congrès eut lieu
du 5 au 13 juin 1905.

19 mai 1895. Grande et célèbre cavalcade historique dite des
Croisades à Clermont-Fd, dont j'eus la direction et que j'organi-
sai après un travail fatiguant et un dévouement sans bornes.
Cette fête obtint l'approbation et les félicitations de la presse
française entière et même de la presse européenne et américaine.
J'avais pour but : le profit des pauvres et celui de la ville de
Clermont. J'ai contribué à faire gagner, dit-on, un million à
cette ville. La fête attira plus de 100,000 étrangers de haute
marque ; les chambres d'hôtels se louèrent à des prix exor-
bitants ; une place, sur un balcon, pour voir la cavalcade, valait
100 francs. J'ai publié le *Livre d'or du cortège des croisés à Cler-*

mont-Férrand. A cette époque, je vis souvent M. Melchissedech, de l'Opéra, professeur au conservatoire à Paris, né à Clermont-Fd. Ce grand artiste fut l'objet de mon admiration bien méritée et de ma haute sympathie, par ses belles réflexions artistiques. Il est, certes, une gloire de l'Auvergne. C'est un ami dont je m'honore.

11 octobre 1895. Il arrive qu'après un beau jour, le ciel s'obscurcit ; et en effet, après la fête des croisades, si bien réussie, ma vénérée mère tomba malade, à Clermont-Fd, rue Bansac, vers les premiers jours de septembre. Un fait mystérieux m'annonça sa fin. Elle s'éteignit à 8 heures du matin, le vendredi 11 octobre 1895. Je la transportai, tout éploré, à Herment ; une foule énorme l'accompagna au cimetière. Je la fis enterrer à l'angle occidental de ce champ de repos, à côté de mon père et de ma grand'mère. Les habitants des alentours étaient accourus à cette triste cérémonie. Me voilà seul, célibataire, je résolus d'habiter Royat, les étés, et de retourner à Alger, les hivers ; ce que j'ai continué jusqu'à ce jour.

8 janvier 1896. L'empereur de Russie, me fait remercier par son ambassadeur, en France, du don du *Livre d'or du cortège des croisés à Clermont-Fd*, que je lui avais offert. A ce sujet je dois ajouter que le roi de Portugal et le roi de Belgique m'ont fait aussi remercier vivement du don du même ouvrage.

1897. Je me rends en novembre à Alger. J'y passe l'hiver ; et depuis je m'y fixe, pendant toutes les froides saisons. Sitôt arrivé, j'apprends que l'estimé M. Roussière, directeur de l'école des sourds-muets, était né à Messeix où j'ai passé mon enfance. Je m'y rends et, depuis, j'ai apprécié ce compatriote excellent. Il avait organisé, à Alger, la société des Enfants de l'Auvergne. J'en fais partie aussitôt ; j'en suis nommé, peu après, vice-président.

1er mai 1898. Mort à Constantine (Algérie), où il était adjoint civil à la Division militaire, du savant comte Maurice d'Hérisson, homme aussi bon et généreux que doué d'une merveilleuse intelligence et que j'avais accompagné en Tunisie en mission géologique en 1881 (Voir page 9).

11 février 1899. Grande cavalcade historique *d'Alger à travers les Ages* que j'organise à Alger, après bien des détails et un grand dévouement. Il y avait là, des chars archéologiques de 1" ordre et un cortège de haut intérêt, sous l'initiative du comité d'hivernage. Au moment de cette cavalcade, les troubles antisémitiques d'Alger n'étaient pas terminés. Un arabe fut accusé à tort d'avoir menacé des juifs, puis arrêté et condamné à 3 mois. C'était une injustice manifeste. Je demandai une audience à

M. Laferrière, gouverneur général de l'Algérie qui me reçut d'une manière admirable. Il me donna complètement raison ; ce qui m'a fait croire qu'il existe parfois, mais trop rarement, des fonctionnaires justes et droits. Le même soir de ma visite, cet arabe fut gracié et sortit de prison. M. Laferrière est mort depuis. Je tresse une couronne à sa mémoire bénie. Peu de temps après, je rendis visite à M. Lépine, actuellement préfet de police, alors gouverneur général de l'Algérie. Il fut très accueillant, me complimenta de mon *Livre d'or du cortège des croisés* que je lui avais envoyé et quitta Alger peu après dans un moment de trouble, très difficile.

7 mars 1900). Le savant M. Léopold Delisle, membre de l'Institut, m'écrit que le célèbre manuscrit du livre d'heures du maréchal Boucicaut (mort, en 1421 à Londres) à été acheté au prix de 72.000 francs, par Mme Edouard André à Paris, qui possède une merveilleuse collection d'objets d'art. Le maréchal Boucicaut, ce héros français, a résidé 3 mois à Herment (Puy-de-Dôme), de juin à août 1393, pour y surveiller les Anglais qu'il avait chassés de l'Auvergne (voir page 74) ; et c'est alors sûrement, qu'il se servait dans l'antique église de cette ville féodale, du précieux manuscrit sur velin ; car il assistait journellement aux offices.

2 Juillet 1900. Visite aux ruines du château de Bourbon-L'Archambault (Allier), ruines grandioses. Le 4 septembre suivant, je vais en excursion archéologique au château de Châteaugay, près de Clermont-Fd, qui conserve un beau donjon carré de la fin du 14e siècle, un corps de logis du 15e siècle et quelques vastes chambres du 18e siècle dont la plupart sont occupées par des paysans ignares qui dégradent le peu de curiosités qui restent.

23 septembre 1900. Je fais don à la mairie de Royat, d'un grand tableau illustré, écrit sur toile, exposant l'histoire de cet ancien bourg.

14 octobre 1900. Visite à Mme de St-Vidal, cette vénérée amie dont j'ai parlé page 71. Cette respectable dame me reçoit cordialement à son très curieux château féodal de St-Vidal et j'y couche dans l'énorme et grosse tour circulaire.

1901. Je suis reçu membre de la Société amicale du lycée Condorcet, à Paris, car j'ai été élevé au lycée Bonaparte (qui a précédé ce lycée), en 1851—1852. A ce sujet, M. Blanchet, proviseur, m'adresse des félicitations qui vont droit à mon cœur.

Août 1901. Je fais don, à l'école laïque d'Herment, autorisé du conseil municipal, par une délibération du 28 juillet 1901 qu'approuva M. le Préfet du Puy-de-Dôme, d'un grand tableau artistique, collé sur toile, orné de portraits des célébrités locales et de vues avec ce titre : « *Herment, son histoire.* »

1901. J'ai le grand plaisir, pendant l'été, de recevoir en visite, à Royat, où il était en villégiature, l'illustre chanteur Faure, de l'Opéra. Cet admirable artiste me charma littéralement par ses réflexions sages et savantes. Bien plus, heureux de sa précieuse sympathie, il met le comble à ma joie en me chantant, chez moi, un couplet de la sérénade de *Don Juan*, par l'immortel Mozart. Depuis, j'ai gardé, pour cet homme éminent, un culte bien mérité.

18 septembre 1901. Je me rends à Messeix (Puy-de-Dôme) que je n'avais pas revu depuis 1859, soit 42 ans. C'est le pays natal de mon père ; là j'ai passé mes premières années. Je trouvai ce joli bourg peu changé. J'en dessinai l'église et une vue générale du côté nord. Je visitai aussi, à Messeix, l'ancienne habitation de mes grands parents, qui appartient à Mme Dervault, fille de feu l'excellent M. Narjot de Toucy, et qui est peu transformée. (Voir page 82).

Février 1902. Mort du général comte d'Exea, doyen des généraux de France, âgé de 95 ans. Il avait été général de division à Clermont-Fd, (Voir page 94) où il donna un superbe bal travesti, en 1867.

1902. Je publie l'*Histoire illustrée de Royat*, volume in-8°, et le 26 août de cette année, je fais cadeau aux bibliothèques scolaires du Puy-de-Dôme, de 105 exemplaires de cet ouvrage. Je reçois des remerciements de M. le Ministre de l'Instruction publique. Qu'il me soit permis de dire, ici, qu'en divers temps, depuis 1863, j'ai donné aux bibliothèques publiques pour plus de 30.000 francs de livres ; car je pense que le pauvre doit être aidé par des publications où il trouvera quelques secours moraux, sinon pécuniaires, à ses peines et à ses luttes.

Mars 1903. Démolition à Herment (Puy-de-Dôme) d'une vieille maison du XVIᵉ siècle, avec pavillon carré, située à l'est de l'église, à l'angle de la rue, presqu'en face de la fontaine publique. Elle avait été habitée, de 1588 à 1601, par Pierre de Besse, seigneur de Meymont, quand il était doyen du chapitre d'Herment. Ce grand prédicateur du roi Louis XIII, mort à Paris en 1639, avait fondé à Herment l'école gratuite de cette localité. La maison ci-dessus a été démolie par son propriétaire actuel, M. Jarrier, épicier, qui l'a remplacée par une grange. Ainsi la vie !...

25 mai 1903. M. le Président de la République me fait adresser par le Préfet du Puy-de-Dôme, une lettre de félicitations

officielle pour le portrait et la vie imprimés de mon père, qu'il avait reçus.

1903. Je publie le *Dictionnaire des Ex-libris de l'Auvergne*, volume in-8°,illustré de reproductions d'ex-libris et épuisé sitôt paru.

1903. J'obtiens, de la Société nationale d'encouragement au bien, une troisième médaille d'honneur : et, cette fois, pour *l'ensemble de mes travaux sur l'Auvergne*. La distribution des médailles, à Paris, fut présidée par M. le Président de la République lui-même.

19 juin 1903. Mort à Clermont-Ferrand de M. Gustave Grange, né en 1827, savant antiquaire (Voir page 88). Il avait accumulé, dans son magasin de vente, une foule de curiosités diverses. C'était un homme de réelle intelligence archéologique.

1904 Visite au château de la Grangefort (Puy-de-Dôme), vaste et merveilleuse forteresse, vrai musée enchanteur, à M. le le vicomte de Matharel. J'y trouve Mme la vicomtesse de Matharel, femme de haute intelligence pour son goût des collections choisies (Voir page 91).

1904. Je publie le *Dictionnaire iconographique de l'ancienne Auvergne*, in-4° avec plus de 500 portraits photogravés et des milliers de notices, œuvre considérable qui m'a demandé bien des années courageuses ; mais qui a été comprise d'un public d'élite, en France et à l'étranger.

1905. Vente, à Herment, par mon frère, le docteur Tardieu, de l'importante propriété de ma mère, sur laquelle j'avais une part. Cette propriété était dans la famille depuis 1722.

20 janvier 1905. Mort à Clermont-Fd d'un ami, M. Charles Silvain, artiste graveur, dessinateur de grand talent. Il excellait pour les dessins à la plume et fut très regretté, enlevé encore jeune, âgé de 50 ans.

22 mars 1905. Je suis reçu membre honoraire du collège héraldique, à Rome.

Conclusions. — Réflexions philosophiques

T maintenant que le soleil se couche à l'horizon et que, préalablement, nous nous sommes arrêtés à bien des stations, il sera peut-être permis de résumer nos impressions personnelles. *A priori*, la vie n'est gaie pour personne. C'est un mystère insondable. Sans être fataliste, on peut croire que certains évènements semblent marqués. Au milieu de ces

ÉGLISE d'HERMENT (Puy-de-Dôme), monument historique classé. Bâtie en 1145, au frais du seigneur d'Herment, Robert III, comte d'Auvergne, avant son départ pour la Croisade. Elle eut un chapitre collégial jusqu'en 1790, et un splendide clocher gothique, élevé en 1320 et démoli par la Révolution.

La VIEILLE MAISON à HERMENT (P.-de-D.) au nord de l'église ci-dessus, acquise en 1841, par Charles TARDIEU mon père, et ou il est mort, en 1889, dans laquelle j'ai écrit mes ouvrages sur l'Auvergne, de 1863 à 1894 et qui à passé à des mains étrangères en 1895.

luttes et de ces faits incompréhensibles, il faut élever son espérance et se consoler dans l'au-delà ; car sans espérance le
chemin de ce monde paraîtrait littéralement désespérant. Il
faut se dire, surtout, que la terre est peuplée de millions de
miséreux et que la charité est le premier devoir de tout être
qui se sent un cœur et des entrailles ; il faut ajouter qu'ici-bas
le travail soutient toujours ; qu'il est nécessaire d'avoir des
amis et plaindre l'oisif, le sceptique, l'ignorant et l'égoïste.
Enfin, on doit fuir l'erreur et croire, avec un grand penseur,
que nous recevons la vérité comme la rosée tombée du ciel.
Écoutons Madame de Genlis qui prétend, avec raison, que les
qualités de l'esprit font des jaloux et que celles du cœur font
des amis. Entendons, surtout, la voix du grand Victor Hugo
qui nous crie : « Tuer l'idéal serait tuer le rossignol qui
enchante la nuit douloureuse de la vie !... »

Danse de la *Montagnarde*, dans les montagnes
d'Auvergne (il y a 60 ans).

DICTIONNAIRE

DES SOMMITÉS, CÉLÉBRITÉS, SAVANTS, ARTISTES, LITTÉRATEURS,
AMIS, en un mot de tous ceux, grands et petits, dignes de mémoire,
qui ont encouragé mes travaux pendant près de 50 ans,
notamment le présent volume.

AIGUEPERSE (Pierre-Germain), savant négociant en objets d'art, à Clermont-Fd, biographe, né en 1804, mort en 1877. L. A. du 14 juillet 1876 et 13 février 1877, concernant mes ouvrages sur lesquels il me félicite.

DE AMICIS (Edmondo), l'éminent littérateur italien, né à Oneglia (Italie). Lettres A. S. (en italien) très aimables (16 mai 1883 et 22 juin 1885).

ANDRÉ (Mme Edouard), à Paris, qui possède, dans cette ville, une magnifique collection d'objets d'art, dont le livre d'heures du maréchal Boucicaut (Voir page 110), hommage d'admiration et de souhaits parfaits !

ANDRIEU (Hermose), conseiller à la Cour de Riom, né en 1804, mort en 1874. L. a. du 25 juin 1874 (félicitations de ma décoration récente). Auteur de l'*Histoire de la ville de Thiers*, publiée par moi, après sa mort.

ARBOLI, bibliothécaire de la bibliothèque colombine de Séville (Espagne). L. a. du 22 déc. 1885, à Séville, me remerciant de mon ouvrage *Voyage en Espagne*.

ARCHINARD (L.) villa Kadijah, à Royat (Puy-de-Dôme). Vifs remerciements et félicitations de son goût pour les arts.

D'ARLEMPDES (M. le baron), au château de Salornay (Saône-et-Loire). Notre gratitude pour ses encouragements et félicitations de la belle intelligence de ce gentilhomme. Bonheur aux siens !

D'AUBETERRE (M. le vicomte), au château de Marsat, près Riom (P.-de-D.). Mille vœux de bonheur !

D'AUBIER (Mme la baronne), en sa villa, Royat (P.-de-D.). Souhaits les meilleurs, bonheur à cette grande dame, si intelligente. Souvenir à son feu cher mari, notre estimé ami.

AUDIGIER (Georges), ancien député (Voir page 103). Souhaits cordiaux, bonheur.

AUDOLLENT (Aug.) directeur du musée de Clermont-Fd. L. a. du 10 décembre 1892, au sujet de son doctorat ès-lettres concernant Carthage. J'ai vu M. Audollent en mission archéologique à Batna, en 1890. C'est un savant bienveillant. Souhaits cordiaux !

D'AURELLE (M. le vicomte), au château de Chaudian, Issserpent (Allier). Souhaits cordiaux ; remerciements très vifs.

D'AUTIER (le comte Roger), marquis de la Rochebriant, et Mme son épouse de l'illustre maison des de Mecklembourg. Souhaits et bonheur. M. le comte d'Autier, de 1858, est l'aïeul de M. le comte Roger d'Autier (Voir page 88).

D'AVAIZE (Amédée), château des Paras (Loire). Artiste et savant bibliophile. Puissent ces lignes lui prouver combien nous apprécions sa bienveillance depuis si longtemps !

AYMAR (M.), contrôleur principal des contributions directes, à Clermont-Fd. Bibliophile de goût. Souhaits cordiaux et bonheur.

BACONNET, notaire et maire à Giat (Puy-de-Dôme). Souhaits cordiaux, bonheur à cet homme si intelligent et si bienveillant.

BALAGUER (don), le grand poète de la Catalogne (Espagne). Décédé. Je l'ai connu à l'Académie royale d'histoire de Madrid en 1885. Il a été ministre de la reine Isabelle. Fondateur d'un magnifique musée-bibliothèque, près de Barcelone (Espagne). Un ami cordial et éminent. L. a. 14 octobre 1885, 20 jan-

vier 1887, 10 mars 1889 et 3 mai 1894.

DE BARANTE (Prosper BRUGIÈRE baron), député du Puy-de-Dôme. L. a. de 1873 me félicitant de l'*Histoire de la ville de Clermont-Fd*.

BARBIER DE MONTAULT (Mgr Xavier). Très savant et fécond archéologue. Né à Loudun (Vienne) en 1840 ; décédé. L. a. de 1895 me félicitant de mon programme de la calvacade des croisades. Autres nombreuses lettres.

BARDOUX (Agénor), né à Bourges en 1829. Décédé. Député, Ministre de l'Instruction publique. Littérateur, etc. Nombreuses lettres a. s. de 1872 ; 30 novembre 1877 (peu de jours avant sa nomination de ministre de l'Instruction publique, 14 décembre 1877) ; 1889, 1895. Ami de mon père.

BARDY (L.), à Suresnes, d'une ancienne famille d'Auvergne. Souhaits de bonheur à sa belle intelligence.

BARNICAUD (M.), à Paris, dont la grande intelligence et le goût doivent être glorifiés ici. Vifs remerciements. Bonheur !

DE BARTHELEMY (Anatole), savant archéologue. L. a. du 22 novembre 1882.

BASSAN (A), professeur de dessin à l'école de Ste-Barbe, à Paris. Décédé. Artiste de grand talent qui a dessiné les portraits et vues de mes ouvrages. Souvenir à sa mémoire.

DE BAUFFREMONT (M. le prince duc). Gratitude inoubliable pour ses encouragements à toutes mes œuvres. Bonheur et bonneur !

BAZIN (Mlle C.), antiquaire estimée à Clermont-Fd. Souhaits cordiaux, bonheur. Souvenir à la mémoire des siens.

DE BEAUFRANCHET (M. le comte), au château de Moisse (Creuse). Gentilhomme de haute intelligence et de goût admirable. Mille remerciements ; bonheur.

DE BEAUMONT, née *de Castries* (la comtesse), artiste-sculpteur, sœur de Mme de Mac-Mahon, épouse du président de la République. L. a. du 12 et 24 décembre 1880, à Paris, au sujet du portrait de Vestris (Auguste) le célèbre danseur.

BELMONT (Mgr), évêque de Clermont, né à Lyon en 1838. Plusieurs lettres autographes. Prélat aimé et estimé, rempli de tact, bienveillant.

BERALDI (Henri), iconographe, bibliophile, né à Paris en 1849 L. a. du 20 mai 1879, précieuse comme érudition iconographique ; autre du 22 mars 1902.

BERGER (G.), député de la Seine. L. a. du 26 novembre 1902, me félicitant.

BERTHELOT, célèbre chimiste de l'Institut. Né à Paris en 1827. L. a. du 17 décembre 1901.

BESCHERELLE (L.-Nicolas), savant grammairien, né à Paris, en 1802, mort en 1883. L. a. du 9 juillet 1873, au sujet de sa photographie qu'il voulait m'envoyer sitôt terminée.

BÉTOLAUD (A.), avocat célèbre. Né à Limoges (Hte-Vienne), en 1828. L. a. du 17 octobre 1893.

BLACHE (le docteur René), médecin savant, membre de l'Académie de médecine, un élève éminent du lycée Bonaparte où j'ai été élevé (voir page 84). Souhaits cordiaux, bonheur à cet éminent médecin, aimé, estimé.

BŒDEKER (Karl), le savant auteur allemand des Guides d'Europe, à Leipzig. L. a. du 29 avril 1886, me complimentant de mon *Guide d'Auvergne* (Puy-de-Dôme).

DE BOISLUISANT (Léopold VILLOT), à Clermont-Fd, l'ami excellent de ma famille et de moimême. Souhaits vifs de bonheur.

BOISSIER (Gaston), savant littérateur. Belle lettre autographe du 2 nov. 1882 (félicitations).

BOISSON, propriétaire, à Montferrand. Souhaits cordiaux. Bonheur.

BONNAFFÉ, né au Havre, en 1825. Littérateur et collectionneur savant. L. a.

BONNARDOT (Hippolyte), savant collectionneur d'estampes sur Paris. L. a du 3 décembre 1884 et 27 janvier 1885.

BONNAT, le célèbre peintre, né en 1833 à Bayonne. L. a. Paris, 5 juin 1890). Il dit qu'il viendra me voir, s'il visite l'Auvergne.

DE BONNEFON (Jean), né à Aurillac en 1866. Vigoureux polémiste, collaborateur de grands journaux parisiens. A droit à nos remerciements pour ses encouragements cordiaux. Homme de rare intelligence.

BONNEFOY (Georges-Ant.-Adolphe), né à Paris en 1859, ancien notaire, conseiller général, érudit, auteur savant. Nos souhaits cordiaux et bonheur à cet ami bienveillant, estimé et aimé.

DE BONNEVAL (M. le comte) au château du Val d'Arignan. Souhaits cordiaux, bonheur et vifs remerciements à ce grand gentilhomme si intelligent, qui honore la noblesse française.

DE BONNEVIE (le comte Henri), Souhaits cordiaux. Bonheur au fils de notre si regretté ami (V. p. 88).

BOREL D'HAUTERIVE, le savant auteur de l'*Annuaire de la no-*

blesse de France. L. a. (curieux), du 23 avril 1875, sur les anciens bréviaires du diocèse de Clermont.

DE BOSREDONT (le comte Gérald), au château de Serruelles, le descendant des antiques de Bosredont, baron d'Herment. Bonheur à ce digne représentant des illustres de Bosredont.

DE BOSREDON (Philippe) à St-Cloud. Erudit estimé et de goût ; auteur très savant. Souhaits vifs de bonheur à sa belle intelligence !

BOUCHET (Julien), peintre de talent à Clermont-Fd, né en 1872, mort jeune en 1899. L. a. du 6 septembre 1897 avec jolis dessins en couleurs pour la cavalcade d'Alger, en 1899.

BOUCHET (Léon) à Clermont-Fd, collectionneur de goût de belle intelligence. Souhaits cordiaux, à lui, aux siens.

BOUGUEREAU (William), le grand peintre, de l'Institut. Carte avec deux lignes pour ses vœux et mon Dictionnaire iconographique de l'Auvergne. Il est né en 1825 à la Rochelle. Mort en 1905.

BOULANGER (le célèbre général) né à Rennes en 1837. Il commanda la division de Clermont-Fd. Carte avec lignes de sa main, me félicitant de mon voyage en Italie et en Tunisie.

DU BOURG DE BOZAS (M. le marquis), propriétaire du beau château de Prye (Nièvre). Souhaits cordiaux. Bonheur !

BOURGEOIS (Léon), président de la Chambre des députés, né à Paris en 1851. 2 cartes avec ses félicitations et remerciements.

BOURGOIGNON (Arthur), chef de bataillon, d'une antique famille de Royat. Souhaits vifs de bonheur à sa belle intelligence.

BOYER (Mgr Jean-Pierre), d'abord évêque de Clermont (1879-1892), archevêque de Bourges, cardinal. Prélat de haute intelligence. Lettres A. S. du 17 janvier 1879 (comme coadjuteur de l'évêque de Clermont) 23 déc. 1882, 7 mai 1885, 5 février 1886, 1er avril 1886, 19 sept. 1888, 31 janv. 1892, 10 juillet 1892, 18 fév. 1894, 4 fév. 1895. Précieuses lettres où l'on reconnaît son grand cœur et son noble esprit.

BRÉCHARD (M. l'abbé), curé d'Aubière (P.-de-Dôme), érudit bienveillant, appréciateur de notre histoire d'Auvergne. Compliments cordiaux et souhaits parfaits.

BRÉART (le général), qui a commandé à Clermont-Fd. Belle lettre du 6 août 1889, à Alger.

BRISSON (Henri), président de la Chambre des députés. L. a. du 18 avril 1892 (intéressante) ; donne des détails sur la généalogie de sa famille, originaire de Bretagne.

DE BROGLIE (Jacques-Victor-Albert, duc. né en 1821. L. a. du 10 février 1877.

BRUNET (Jacques-Charles), le savant bibliographe, auteur du *Manuel du libraire*, qui lui rapporta de bénéfices, 400.000 fr. et lui a permis de fonder un prix à l'Institut. Né à Paris en 1780, mort en 1867. L. a. du 16 janvier 1866, où il dit : « J'oppose à votre jolie écriture le griffonnage d'un vieillard de 86 ans. »

BRUGHEAT, à Issy (Seine). D'une ancienne famille de Riom, remontant au XVIe siècle. Souhaits cordiaux à sa belle intelligence.

DE BRYE (le docteur), médecin très distingué, à la Ricamerie (Loire), qui descend d'une noble maison. Souhaits cordiaux et vœux de bonheur. Remerciements.

BUISSON (Ferdinand), directeur de l'enseignement primaire, né à

Paris en 1847. L. a. du 23 mars et 3 avril 1873 au sujet de mon *Histoire de Clermont-Ferrand* qui fut, depuis, exposé par lui à l'exposition universelle de Vienne où elle obtint la grande médaille de mérite et sur laquelle il me complimenta vivement.

BULAND, graveur distingué à Paris. L. a. du 3 juin 1873.

BURDEAU (Auguste), président de la Chambre des députés Né à Lyon en 1851. Carte avec 2 lignes autographes.

BURIN DES ROZIERS (Hyacinthe), alors président de chambre à la cour d'appel de Chambéry, mort le 4 février 1898. L. a. du 18 septembre 1862, me félicitant de ma médaille d'honneur à l'Académie de Clermont-Fd. « Rien ne m'émeut davantage qu'une couronne sur le front d'un jeune homme... »

CAMIN (l'abbé), curé aux Martres-d'Artières (Puy-de-Dôme). Erudit et de haute intelligence. Souhaits cordiaux. Remerciements.

DU CAMP (Maxime), célèbre publiciste, de l'Académie française (1880), né à Paris en 1822. L. a. du 3 juin 1878, 27 mai 1880 (au sujet de son portrait).

CAPOUL (Victor), l'éminent et illustre ténor, né à Toulouse, notre affectionné ami (Voir page 93) Puisse-t-il recevoir encore, ici, le témoignage de mon admiration !

DE CASSAGNAC (Paul Granier) célèbre journaliste, député, autographe du 6 août 1895, avec ses félicitations.

CAVAIGNAC (Godefroy), ministre de la guerre. Né à Paris en 1853, fils du célèbre Cavaignac de 1848 ; carte avec autographe de vils remerciements.

CHABOUILLET, archéologue, numismate, né à Paris en 1814,

L. a. du 10 fév. 1886, au sujet de la médaille représentant Thomas Bohier (né à Issoire).

DE CHABROL (le comte G.) député, 3 lettres autographes de félicitations de 1872 et 1879, pour *l'Histoire de Clermont-Fd* et le *Dictionnaire historique du Puy-de-Dôme*.

CHABROL (Ulysse), ancien directeur du musée de Clermont. L. a. du 18 mars 1903, au sujet du nouveau musée de Clermont.

CHAMBIGE (M. le docteur S. L. Claude) né en 1853, député du Puy-de-Dôme. Nous lui devons nos remerciements pour ses encouragements. Il s'occupe d'archéologie gallo-romaine, avec belle intelligence. Souhaits les meilleurs !

CHABUS (Léopold), greffier à St-Etienne-les-Orgues, mon estimé parent. Souvenir cordial !

DE CHAMPVALLIER (Le général), commandant le 13ᵉ corps d'armée à Clermont-Fd en 1885. L. a. m'adressant des félicitations très vives sur mon *Guide d'Auvergne*, qui est est dit, ce très bienveillant et estimé général, un « vrai chef-d'œuvre et même « unique en son genre. »

CHANDEZON (H.), lieutenant-colonel du 126ᵉ, à Toulouse, mon estimé parent. Mille souhaits de bonheur !

CHANGARNIER, directeur du musée à Beaune (Côte-d'Or). L. a. du 23 juin 1892 me félicitant de *l'Histoire d'Auzances et de Crocq* et de la petite *Histoire abrégée d'Herment*.

CHARTON (Edouard), sénateur. Né à Sens en 1807, mort à Versailles en 1890. A collaboré à la publication du *Tour du Monde*. L. a. du 21 oct. 1881.

CHASSAIGNE-GOYON, avocat, conseiller municipal de Paris, l'un de nos compatriotes d'Auvergne les plus estimés et les plus aimés. Souhaits cordiaux ; bonheur. (Voir page 84).

CHASSAIN DE LA PLASSE (R), à Roanne. Erudit de haute valeur qui honore le Forez. Souhaits cordiaux !

CHASSAING (Augustin), né à Pontaumur, mort au Puy en 1890. Erudit.(Voir page 107). Belles lettres de chaudes félicitations sur mes travaux, du 28 nov. 1887, 17 déc. 1881, 18 janv. 1882, 31 janv. et 30 oct. 1882. Ce savant honore grandement l'Auvergne.

CHASSAING (Eugène), frère du précédent, propriétaire à Herment, maire de Pontaumur. Nos vifs remerciements pour son aimable bienveillance et ses encouragements. Souhaits cordiaux !

CHAUMIÉ (J.), sénateur, ministre de l'Instruction publique. Autographe de félicitations.

DE CHAZELLES (Léon BERARD), né en 1804, mort en 1876. (Voir page 00). Lettres de cet excellent homme, si artiste et si bienveillant, des 20 et 31 janv., 22 et 24 fév., et 27 mai 1876, écrites de son château de Bezances au sujet de la publication d'un bel album historique sur l'Auvergne. Honneur à sa chère mémoire !

DE CHAZELLES (Etienne Bé-RARD), fils de l'éminent M. Léon Bérard de Chazelles qui précède (voir p. 98). Souhaits et bonheur.

CHEVALIER (Mgr Casimir), né en 1825 à Saché (Indre et-Loire), archéologue éminent, clerc national à Rome. L. a. du 21 oct. et 5 nov. 1882, de Rome ; du 18 mai 1883, Rome ; 5 fév. 1885 ; Rome, 22 fév. 1885 ; Tours, 15 juin 1886. Son souvenir vivra dans mon cœur.

CHEVALIER (M. le capitaine), en retraite à Clermont-Fd et Madame Chevalier. Souhaits cordiaux de bonheur.

CHRISTOPHLE (Médéric - Charles), directeur du Crédit Foncier de France (1878), né à Domfront (Orne) en 1830. L. a du 28 janv. 1892 au sujet du Dictionnaire iconographique des Parisiens. Il m'adresse son portrait gravé.

CLÉMENT DE RIS (Athanase Louis TORTERAT, comte), littérateur, conservateur du musée de Versailles (1876), né à Paris en 1820. L. A. des 14 et 21 juillet et 26 septembre 1878 au sujet de portraits parisiens.

DE CLÉRAMBAULT, érudit, conservateur des hypothèques à Riom, puis à Beauvais. L. a. des 6 et 12 nov. 1891. Il a publié une notice sur les châteaux de Tournoël.

COHENDY (Michel), savant archiviste du Puy-de-Dôme, né à Clermont-Fd en 1811, y mourut en déc. 1889. Souvenir à sa chère mémoire! Il m'a appris à lire les chartes, et manuscrits anciens. (V. page 90).

COPPÉE (François), le grand poète, de l'Académie française. Né à Paris en 1842. A été bibliothécaire de la Comédie française. L. a. du 19 nov. 1878, au sujet de l'acteur Dumaniaut, né à Clermont-Fd.

DU CORAIL (Robert de SABLON), le fils de notre estimé feu ami, 1861 (voir page 92). Cordiaux remerciements et souhaits de bonheur les plus grands, à ce compatriote si intelligent.

CORNILLON (Victor), greffier de la justice de paix, à Cusset (Allier). Souhaits cordiaux à lui, aux siens. Souvenir inoubliable !

CORNUDET (Emile), député de la Creuse, félicitation sur une carte de visite, 7 oct. 1888.

DE COSNAC (M. le marquis), résidant actuellement à Paris, rue Vaneau ; d'une des plus nobles maisons du Limousin. Souhaits les meilleurs de bonheur !

COUPARD (M. le docteur), à Paris, l'éminent docteur-médecin, notre cher et estimé parent ; souhaits de bonheur.

COURAJOD (Louis), né à Paris en 1851, archéologue, critique d'art, conservateur au musée du Louvre. L. a. datée de Milan, 27 juillet 1878.

COURTAUX (Th.), érudit, savant généalogiste, à Paris. Nous le remercions vivement de son obligeance merveilleuse, qui nous est chère. C'est un savant de haute valeur, qui nous a été fort utile depuis longues années. Honneur à lui !

DE COURTILHE (l'amiral, marquis) né à Dussac (Dordogne), en 1840. Lettres cordiales du 25 fév. et 1 avril 1887, 25 avril 1892, 30 août et 4 nov. 1893. Homme de haute valeur ; décédé, estimé et regretté.

COUSIN (Jules), érudit, bibliothécaire de la ville de Paris. Né à Paris en 1830. L. a. du 18 juillet 1878, 4 avril 1879, 27 août 1881, 11 mars et 27 nov. 1885.

DE COUSSMAKER (Ch. E. Henri), savant historien de la musique, né en 1805, mort en 1876, correspondant de l'Institut. L. a. du 21 déc. 1867. Au sujet de l'envoi de mon *Histoire de la ville et baronnie d'Herment.*

CRÉGUT (l'abbé Régis), aumônier du lycée à Riom, l'un des prêtres les plus érudits du centre de la France. Il honore l'Auvergne. Auteur savant. Souhaits les plus cordiaux et bonheur a lui et à sa vénérée mère.

DE CRESSAC (M. le Vicomte), au château de la Touche (Vienne). Nos vifs remerciements à lui et à son intelligente épouse, notre estimée parente. Souvenir inoubliable !

DARCEL (Alfred), archéologue, né à Rouen en 1818. L. a. du 25 mars 1885. (Remerciements).

DELATTRE (Al.), prêtre missionnaire d'Alger à St-Louis-de-Carthage, éminent archéologue, correspondant de l'Institut. Grand savant. Nos remerciements à ce travailleur, l'honneur de la science. L. a. de 1881 à 1885. (Lettres précieuses intéressant l'archéologie).

DELAUNAY (Louis-Arsène), le grand artiste de la Comédie française, l'une des gloires de l'art dramatique. Né à Paris en 1826. L. a. de 1878. Envoi de son portrait. Je remercie vivement ce grand artiste.

DELISLE (Léopold), historien, éminent, bibliographe très érudit, membre de l'Institut. Né à Valognes (Manche), en 1826. Administrateur général de la Bibliothèque nationale. L. a. de 1897 à 1902.

DELPIROU (Madame), née MAURY, à Royat (Puy-de-Dôme), fille du savant feu M. Maury, poète remarquable. Souhaits de bonheur. Le grand Chateaubriant a complimenté M. Maury comme poète.

DENÈFLE (Ulysse), à Paris, (fils de mon premier maître de classe en 1845) voir page 75). Souhaits cordiaux de bonheur. Souhaits aussi à la digne veuve, Madame Ambroise Denèfle, épouse de mon cher filleul (Voir page 78).

DERIEUX (sœur Marie), supérieure générale des filles de la Charité, à Paris. L. a. du 18 septembre 1886, sur la famille de Mme Le Gras.

DERVAULT (Mme), née NARJOT de TOUCY, fille de feu l'excellent et et si intelligent M. Narjot de Toucy (voir page 82), souhaits de bonheur !

DESAYMARD (Joseph), notre cher et estimé compatriote, conseiller municipal de Clermont-Ferrand, officier de la Légion d'honneur. Nos vifs remerciements, à lui et aux siens. Bonheur.

DESBAROLLES (Adolphe), Le célèbre chiromancien, écrivain. Né à Paris en 1802, mort en 1886. L. a. signée au sujet de son ouvrage.

DESCEMET (le commandent Ch.), à Rome, savant archéologue. L. a. du 8 nov. 1882, 26 avril 1885, où il dit gracieusement que je complète une inscription de brique, inscription curieuse et me félicite.

DESJARDIN (E), savant archéologue. L. a. du 16 fév. 1882. (Félicitations).

DESTAILLEURS (Hippolyte) architecte savant, né à Paris en 1822. L. a. du 19 fév. 1879.

DE DIENNE (le comte), au château de Cazideroque, d'une des plus illustres maison d'Auvergne. Erudit. Vive gratitude et souhaits cordiaux à ce savant distingué, qui honore notre Auvergne.

DIVOIR - SIGNAIRE (Victor), compositeur de musique de talent, à Paris, qui en 1876, a chanté avec moi dans l'église de Ste-Eustache, à Paris, la splendide messe du frère Léonce. Précieux souvenir ! Bonheur !

DONIOL (Henri), directeur de l'imprimerie nationale, auteur, né à Riom en 1818, mort en 1906. L. a du 20 avril 1887, au sujet de la famille d'Estaing.

DE DOUDEAUVILLE (Sosthène DE LA ROCHEFOUCAULD, duc de Bisacia), né à Paris en 1825. Député, ambassadeur. Nous avons de lui une lettre autographie, encourageant nos travaux (2 octobre 1904).

DE DOUHET DE ROMANANGES (le comte), député. L. a de 1872. Il me dit : « c'est une belle et

grandes œuvre que votre Histoire de Clermont-Ferrand ».

DOUMER (Paul), député, né à Aurillac en 1857, ancien président de la Chambre des députés; a publié un superbe ouvrage sur l'Indo-Chine dont il était gouverneur. Ce compatriote éminent qui nous a honoré d'encouragements a droit à notre gratitude cordiale.

DOURIF (M. le docteur), médecin à Clermont-Fd. Erudit et homme bienveillant, estimé, aimé. Souhaits cordiaux !

DRAULT (Jean), publiciste. L. a. du 4 mai 1901 qui prouve combien c'est un littérateur savant.

DRUMONT (Edouard), le grand journaliste, né à Paris en 1844. Erudit. Il a encouragé mes publications d'archéologie et je suis heureux de le remercier ici. Cartes autographes des 19 décembre 1895, 29 novembre 1900.

DUCHASSEINT (Félix DELAPCHIER), né à Lezoux (Puy-de-Dôme) en 1814. Décédé. Député. Ami de mon père. Grand nombre de lettres cordiales de 1875 à 1892, concernant en général mes travaux historiques, les encourageant, etc.

DUFAL (P.), né à St-Gervais-d'Auvergne en 1822, ancien vicaire apostolique du Bengal oriental, évêque de Delcon. L. a. du 6 fév. 22 fev., 21 oct. 1902, avec notes bibliographiques sur lui.

DUJARDIN (Léon), né à Juillac (Corrèze), bibliothécaire actuel de la bibliothèque municipale d'Alger. Savant bienveillant, courtois. Le promoteur des Instituts cantonaux, noble idée qui l'honore. Mille souhaits !

DUMAS (Alexandre), fils de l'illustre romancier. Ecrivain éminent. De l'Académie française. Né à Paris en 1824, y mourut en 1895. Lettres cordiales. Il m'envoie une suite de ses portraits. L. a. du 4 janvier 1886, 13 janv. 1886, 8 déc. 1893. Son souvenir vit inoubliable dans mon cœur.

DUMON Mme, née Emilie PLASSE), ma parente. Souvenir à l'excellent et bienveillant sénateur, son mari, dont nous saluons la mémoire inoubliable. Vœux de bonheur à Mme veuve Dumon.

DUPANLOUP (Félix) évêque d'orléans, célèbre. Né à St-Félix (Savoie), en 1802. Mort au château de la Combe en 1878. Lettres signées du 5 août. 18 sept, 4 octobre 1874. Très aimables lettres.

DUPLESSIS (Georges), né à Chartres, en 1834. Conservateur des estampes à la Bibliothèque nationale. Iconographe, histoirien savant. L. a.

DURUY (Victor, historien, membre de l'Institut, ministre, né à Paris, en 1811. Cartes autographes de remerciements (1882, 1885).

DUSOMMERARD (Edmond), directeur du musée de Cluny, né à Paris en 1817. L. a. du 10 juin 1875, au sujet de ma médaille de mérite à l'exposition universelle de Vienne.

DUSSERRE (Auguste), archevêque d'Alger, mort en 1898. superbe lettre du 23 novembre 1895, au sujet du *Livre d'or du cortège des croisés à Clermont Fd,* qu'il a reçu et qu'il trouve splendide.

DUTUIT (Eugène). le grand et célèbre collectionneur. L. a du 4 avril 1885, au sujet de divers de mes ouvrages. Il me complimente chaudement.

DUVIVIER (Albert), né à Paris en 1811. Graveur. L. a. du 20 juin 1872.

ENGERTH (Edouard). correspondant de l'Institut. L. a. de Vienne (Autriche), du 29 novembre 1882 (Félicitations).

D'ESCAYRAC DE LAUTURE (Le Marquis). Souhaits cordiaux à ce grand gentilhomme. si bienveillant et si intelligent. Bonheur !

ESTIEU (B.), Villa Coquette, à Prouville-sur-Mer, (Seine-Inférieure), Souhaits cordiaux à cet ami excellent et si intelligent.

ETIENNE (Eugène), né à Tlemcen (Algérie). en 1844, député à Oran, ministre de la guerre. L. a. Paris, le 10 mars 1902. Nos remerciements à cet homme, si aimé en Algérie et si bienveillant.

EUDEL (Paul), érudit, collectionneur très savant. A écrit sur la curiosité. Né à Cretoy (Somme) en 1837. Nos vœux cordiaux à cet écrivain si distingué.

FAUGIÈRES (Armand-Prosper), directeur au Ministère des affaires étrangères, né à Bergerac en 1810, mort en 1887. L. a. du 4 août 1874, au sujet de documents concernant la famille Pascal.

FAURE (Félix), alors ministre de la marine, depuis président de la République. L. a. signée du 7 juillet 1894, me remerciant d'un de mes ouvrages, qu'il se propose de lire. C'était l'*Histoire généalogique des Tardieu.* (Voir page 83).

FAURE (Jean-Baptiste), l'illustre baryton de l'Opéra, officier de la légion d'honneur. Lettre du 1° octobre 1886, (de Madame Faure, au nom de son mari, Etretat, 1er octobre 1886) ; L. a. de Royat, de lui-même, juillet 1886 ; Paris, le 6 oct. 1901 (avec son portrait), 30 juillet 1902. (Voyez page 111). Puisse-t-il être assuré de mon admiration et meilleur cœur.

FAURE (A.), en sa villa, à Ste-Foy-les-Lyon. Souhaits cordiaux, gratitude à cet ami excellent et si intelligent. Bonheur à tous les siens!

DE FÉLIGONDE (Pierre Eustache Pellissier), né en 1807, mort en 1891. Député du Puy-de-Dôme. L. a. du 16 déc. 1872, me félicitant sur l'*Histoire de Clermont* 2ᵉ lettre de félicitation sur une décoration, le 28 juin 1874. Homme de haute intelligence, aimé, estimé. Je remercie, vivement, son fils M. de Féligonde de Ronet, qui est doué d'une si haute compétence des choses d'érudition.

FERON (Mgr. Charles), évêque de Clermont. L. a. du 21 avril 1872, 2 avril 1874 (précieuses lettres concernant mes ouvrages).

FIORELLI, directeur général des antiquités à Rome. L. a. du 24 nov. 1882 (Il m'adresse ses félicitations très vives).

FIRBACH (Alfred), préfet du Puy-de-Dôme. L. a. de remerciements très-vifs, pour l'envoi de divers de mes ouvrages, 26 mars 1888.

DE FLAGHAC (1° M. le baron) : 2° M. de Flaghac, et Madame, née d'Autier de la Rochebriant, au château de Valanges (Puy-de-Dôme). Souhaits de bonheur ; souvenir parfait et inoubliable.

FLAMENG (Léopold), graveur célèbre, né a Bruxelles en 1831. L. a. du 1ᵉʳ juin et 10 Juillet 1872, 25 août 1879.

DE FONTANGES (M. le marquis) au château d'Urçay (Allier). Mille souhaits.

FRANÇOIS (Victor). ancien élève du pensionnat de Passy. Souhaits cordiaux !

FREDET (M. le docteur) médecin à Royat (Puy-de-Dôme). Souhaits cordiaux et bonheur à cet estimé et remarquable camarade de classe de 1853, 1854.

FRESSANGES DU BOST (l'abbé), curé de Busset (Allier), vifs remerciements et honneur à sa belle intelligence !

GAGR MASON (L.). Pavillon continental à Royat, dont le goût pour les arts et les beaux livres honore la rare intelligence. Souvenir cordial.

GAILLARD (Claude-Ferdinand), peintre et graveur de grand talent. Né à Paris en 1834. mort en 1887. L. a. du 22 Juin 1872. 6 mai 1876, 8 août 1878. Il m'envoie son portrait.

GARNIER (Charles), le grand architecte de l'Opéra, à Paris, né à Paris en 1825. Décédé. L. a. du 13 mai 1885 et 28 sept. 1885. Il m'adresse ses félicitations cordiales.

GARNETT (Richard), né à Lichfield (Angleterre) en 1835. Conservateur en chef de la bibliothèque du Britsh-museum. Erudit. L. a. (en anglais), du 16 oct. 1895, très cordiale et de remerciments.

GATTEAUX (Edouard), graveur en médailles, de l'Institut, né à Paris, en 1788, y mourut en 1881. L. a.

GEFFROY (Auguste), de l'Institut, directeur de l'Ecole française de Rome (1876-1886, né à Paris en 1820. L. a. du 21 novembre 1882 (vives félicitations) ; autre du 26 novembre 1882.

DE GIERS (Nicolas), conseiller à l'ambassade de Russie. Carte autographe de remerciements, en 1893.

GILLON (le général de division), commandant la place de Paris. Carte autographe de remerciements.

GIMET, préfet du Puy-de-Dôme). L. a. de remerciements de l'*Histoire de la ville d'Herment* et ses félicitations, 18 novembre 1868.

GIRAUD (E), né à Paris en 1806, y mourut en 1881. Peintre de grand talent. L. a. m'annonçant l'envoi de sa photographie.

GLAIZE, préfet du Puy-de-Dôme. L. a. de vives félicitations, du 31 oct. 1882.

GOMOT (Hippolyte), né à Riom, en 1837, député ; puis ministre. Sénateur du Puy-de-Dôme. Erudit. L. a. du 16 sept. 1885, 19 avril 1888, 18 mars 1895, 12 janv. et 21 juin 1898. Ce littérateur savant a droit à mon souvenir le plus cordial et honore l'Auvergne.

GONSE (Louis), auteur de savants ouvrages d'art, né à Paris en 1846. L. a du 14 janv. 1903. Notre gratitude pour ses encouragements, si bienveillants.

DE GOROSTIZA (L.) à Madrid, décédé le 3 nov. 1895. éminent camarade de classe au pensionnat de Passy (voir page 86), et qui était secrétaire général de la compagnie du chemin de fer du nord, à Madrid. L. a. avec envoi de son portrait, le 12 mai 1883. Souvenir inoubliable !

DES GOZIS (M.), à Montluçon (Allier). Souvenir parfait et souhaits cordiaux a cet érudit, auteur savant et estimé.

GRANGE (Edmond), artiste et céramiste de talent, fils de feu M. Gustave Grange, le savant antiquaire (Voir page 88). Souhaits de bonheur !

GRELLET DE LA DEYTE (Emmanuel), ancien conseiller général, érudit très distingué, qui honore le Velay contemporain ; dont les ancêtres ont été barons de la Deyte, souhaits cordiaux ; gratitude grande. Bonheur aux siens !

GRIMARDIAS (Mgr Pierre) évêque de Cahors, né en 1813, mort en 1896. L. a. du 13 août 1872, 1 sept. 1873, 26 janv. 1874, 11 fév. 1895, au sujet de mes ouvrages. Prélat intelligent et bon.

GRIVEL, instituteur communal à Ceyrat (Puy-de-Dôme), estimé, aimé. Souhaits de bonheur.

GUYOT-DESSAIGNE (Ed.), député du Puy-de-Dôme, charmante carte autographe de remerciements de 1902, pour l'envoi de mes ouvrages. Dans cette carte on voit un aimable correspondant qui sait dire, se rappeler et veut bien ne pas oublier une visite à Herment et l'amitié qu'il avait pour mon feu père. Nos vifs remerciements.

HANOTAUX (Gabriel), depuis ministre des affaires étrangères. L. a. du 7 nov. 1882. Félicitations ; belle lettre.

D'HAUSSONVILLE (Gabriel-Paul-O. de CLÉRON, comte, écrivain, savant, président de l'Académie française, né a Guercy-le-Châtel, (Seine et Marne), en 1843. L. a. du 27 déc. 1903 et 30 janv. 1904. Sa sympathie m'est précieuse et je remercie ce grand français, si bienveillant.

HÉBERT (Ant.-Auguste-Ernest). Peintre, né à Grenoble en 1817 ; membre de l'Institut, depuis 1874. L. a. du 11 juillet 188., où il me remercie vivement de ce qui je lui dis au sujet de l'Académie de France à Rome, donc il était directeur ;

HEDOUIN (E.), graveur habile, à Paris. L. a. de 1872.

D'HEILLY (M. le général, marquis). Vifs remerciements et souhaits cordiaux pour les encouragements constants de ce grand gentilhomme, si intelligent et si estimé.

HELBIG (Volfgang), l'éminent archéologue, né à Dresde, en 1839. (Voyez page 101 de cet ouvrage). L. a. du 22 nov. 1882 (de Berlin), 15 déc. 1882, 18 déc. 1882 ; cartes-postales autographes cordiales et précieuses du 2 février, 14 avril, 5 mai, 29 juillet, 13 août 1883. M. Helbig honore l'Europe entière par sa belle érudition incomparable. Salut cordial à ce grand savant ! Honneur !

HEMOINE (Alfred), Graveur. L. a. du 1ᵉʳ juin 1872, ou il me parle de portraits qu'il possède, gravés par les Tardieu, célèbres graveurs, à Paris et qu'il admire.

HENRIQUEL, dit HENRIQUEL-DU-PONT, graveur, né à Paris, en 1797, mort au-dit lieu en 1892. L. a. du 17 juillet 1878.

D'HÉRISSON (Le comte Maurice d'IRISSON), né à Paris en 1839. Il a fait paraître des études historiques de haute valeur. Homme très savant, généreux. L. a. nombreuses, dont une du 15 mai 1892, très intéressante, écrite de Libreville (Congo), où il était commandant des milices. Mort à Constantine. le 1ᵉʳ mai 1898, alors adjoint civil à la division militaire. (Voir page 109). Souhaits à sa digne veuve, femme rare d'intelligence et de cœur.

HEROLD (Ferdinand), sénateur, préfet de la Seine. Né à Paris en 1828, mort au-dit lieu en 1882. Carte de remerciements, du 31 janvier 1879. Cet homme bienveillant, nous honorait de son amitié précieuse.

HÉRON DE VILLEFOSSE (Ant. Marie-Albert), né à Paris en 1845, conservateur au Musée du Louvre. L. a. du 20 janvier. 2 février 1882, 17 avril, 23 août 1902, 23 sept. 1903, avec remerciements et renseignements savants. Cet érudit honore l'archéologie, et sa bienveillance est sans bornes. Souhaits de bonheur !

HILLEMACHER (Frédéric), né à Bruxelles en 1811, graveur. L. a. du 10 janvier 1880.

HILLEMACHER (Ernest), peintre, frère du précédent, né à Paris, en 1818, mort au-dit lieu en 1887. L. a. 8 et 15 juillet 1878.

HOSPITAL (le docteur), à Clermont-Ferrand. Homme estimé et érudit qui honore l'Auvergne et qui a encouragé toutes nos œuvres. Vifs remerciements cordiaux. Bonheur à cet intelligent ami, dont les décorations honorent la science.

HUGO (Victor), l'éminent poète, né à Besançon en 1802. Décédé. Lettre, en son nom, du 7 mars 1880, au sujet de sa naissance à Besançon, lettre écrite de la main et signature de M. Richard Lesclide.

HUGO (Léopold), le cousin du célèbre Victor Hugo. Né à Paris en 1828, chef de bureau au ministère des travaux publics. Erudit. L. a. vraiment cordiale (1889).

IMBERDIS (André), magistrat, président de chambre à la cour d'Agen. Auteur de publications savantes sur l'Auvergne, né à Ambert en 1810. Décédé. L. a. au sujet de l'*Histoire de Clermont-Fd*, 20 avril 1872, dont il est fait le vif éloge. Son souvenir vit dans mon cœur.

JACQUEMART (Jules), peintre et graveur de grand talent, né à Paris en 1837, mort au dit lieu en 1880. L. a. du 10 juin 1872.

JAL (Auguste), l'auteur très savant du *Dictionnaire critique de biographie et d'histoire*, volume précieux, né en 1793, à Lyon, mort en 1873. Belle lettre, écrite de Chatenay (Seine), le 10 juin 1868 au sujet de la famille Legras. Il me félicite vivement de mes travaux.

JALOUSTRE (Elie), a Clermont-Ferrand. Erudit estimé et auteur savant. Nos compliments ; nos souhaits cordiaux et bonheur à ce compatriote très distingué et aimé.

JANICAUD (M. l'abbé), curé de St-Merd-la-Breuille (Creuse). Souhaits cordiaux ; bonheur.

JAUMES (La famille), à Paris. Mme Marguerite Jaumes, née Deroche, est la sœur de notre camarade d'enfance Antonin Deroche (voir page 76). Nos souhaits les plus parfaits et vœux de bonheur.

JÉROME (Jules), négociant à Taverny (Seine-et-Oise), camarade de pension à Passy en 1857. Souhaits cordiaux. Bonheur !

JOANNE (Paul). né à Paris en 1847, l'auteur des Guides si connus. L. a. du 2 décembre 1882.

JOLY (Paul), préfet du Puy-de-Dôme. Autographes de remerciements, l'un du 16 mai 1903. En retour, notre cordialité.

JONNART (député). gouverneur général de l'Algérie. Homme bienveillant, aimant les arts. L. a. de remerciements.

DÉ JOUVENCEL (Henri), auditeur à la Cour des comptes. Remerciements cordiaux et souhaits les meilleurs.

JUDITH. Cette grande artiste de la Comédie française mérite ici tout honneur. Nous avons d'elle des lettres de 1906, qui prouvent sa belle intelligence. Elle a épousé M. Bernard Derosnes.

JURIEN DE LA GRAVIÈRE (l'amiral), de l'Institut, né à Brest, en 1812, mort à Paris en 1892. Carte avec mots aimables. Lettre autographe du 1er novembre 1883.

DE LA BÉDOLIÈRE (Emile-GIGAULT), littérateur fécond, né à Amiens en 1812, mort à Paris en 1883. L. a. du 12 février 1878, au sujet de ses ouvrages.

DE LA CROIX (le Père Camille), le savant archéologue. L. a. du 5 novembre 1882 (félicitations).

LACROIX (Paul), dit le *Bibliophile Jacob*, né à Paris en 1806, mort en 1884. Littérateur très-érudit. L. a. du 5 août 1878, (précieuse lettre).

DE LA FAYETTE (Oscar MOTIER) député de Seine-et-Marne, autographe de remerciements.

LAFON (DE FONGAUFIER) (Madame Nathalie), notre estimée parente. Souhaits de bonheur et souvenir respectueux à sa belle intelligence.

DE LA ROCHE-AYMON (Mme la marquise), château de Mainsat (Creuse). (Voir page 91). Grande dame dont le souvenir est précieux. Nos respectueux compliments et souhaits ; souvenirs à la mémoire de son feu cher mari.

DE LA ROCHELAMBERT (Mlles) au château de la Rochelambert (Hte-Loire). Souhaits respectueux les meilleurs et remerciements. Bonheur !

DE LA ROQUE (le général), commandant la subdivision de Batna. Carte autographe aimable pour me présenter au cercle militaire de Batna, l'hiver de 1890. Son souvenir vit dans mon meilleur cœur.

DE LA SALLE DE ROCHEMAURE (M. le duc), très grand seigneur, très intelligent, d'une antique maison d'Auvergne, auquel j'adresse ma gratitude et mes cordiaux remerciements. Bonheur aux siens !

LASCOMBE (M.) bibliothécaire de la ville du Puy. Remerciements cordiaux pour ses constants encouragements.

LASTEYRAS (Louis), maire de Vichy, directeur du *Moniteur de l'Allier*. L'littérateur de talent ; poète. Homme de belle intelligence et de goût. Souhaits cordiaux !

DE LASTIC (M. le marquis), au château de Parentignat. Gratitude et souhaits de bonheur, à l'arrière petit neveu de l'illustre grand maître de Lastic, au 15e siècle. Homme rare d'intelligence et de goût.

DE LASTIC St-JAL (M. le Comte), au château de Laboutière (Vienne). Souhaits de bonheur au descendant des illustres de Lastic !

DE LA TOUR D'AUVERGNE DE LAURAGUAIS (Mgr. C. A.), archevêque de Bourges. L. a. du 5 mai 1872, 25 juillet 1874 et 2 mai 1877.

DE LA TOUR D'AUVERGNE (le prince, duc de Bouillon de Turenne); comte Mathieu; colonel en retraite. à St-Servan (Ille-et-Vilaine). Nos remerciements les plus cordiaux, à lui et à son intelligent fils. Bonheur. Il représente l'illustre branche de cette grande maison d'Europe.

DE LAUZANNE (M. le Comte), à Morlaix (Finistère), d'une des plus nobles maisons d'Auvergne. Souhaits cordiaux. Bonheur !

DE LAVERGNE (Anatole), à Clermont-Ferrand. Vifs remerciements, bonheur, a cet érudit et ami qui a toujours encouragé nos publications.

LAVIGERIE (Charles-Martial ALLEMAND), archévêque d'Alger, cardinal, né à Bayonne en 1825, mort à Alger en 1892. Lettre signée où il me fait savoir qu'il recommandera ma publication, de *Paris au Sahara* (3 mars 1890).

DE LAVILATTE (Henri), au château de Lavilatte (Creuse). Littérateur distingué et gentilhomme de goût. Notre vive gratitude et souhaits de bonheur.

LAYARD (Aug-Henri), membre de l'Institut, né à Paris, en 1817, Savant archéologue anglais. A découvert les merveilleuses ruines que l'on croit celles de Ninive. L. a. du 17 fév. 1883, de Londres (en anglais); il m'adresse ses félicitations.

LAUDE (M.), bibliothécaire de la ville de Clermont-Fd. Aussi bien-veillant qu'érudit et dont le goût est rare. Mille compliments et souhaits les meilleurs.

LE BLANC (Paul), à Brioude, érudit qui honore le Velay; homme bienveillant et de haute intelligence. Cordiaux remerciements et bonheur.

LE BLANT (Edmond), membre de l'Institut, né à Paris en 1818. Archéologue savant. Carte autographe, écrite à Royat, le 4 juillet 1873.

LE BRETON (Mgr Pierre), évêque du Puy. L. a. du 17 juin 1872, 23 déc. 1875 et 16 mars 1886.

LECOQ (Charles), le célèbre musicien-compositeur. Aimable carte de remerciements ; à Royat, l'été de 1905.

LENOIR (Alexandre-Albert) savant architecte, né à Paris en 1801, mort au dit lieu en 1891. Archéologue de grande valeur. L. a. du 10 janvier 1881, 20 janv. 1882, 24 févr. 1882, 14 avril 1882, 4 nov. 1882.

LÉOPOLD (CAYON, dit) excellent artiste photographe, à Clermont-Fd, en 1906. Vifs remerciements à lui et aux siens. Chance, bonheur, succès ! Souvenir à la mémoire de son bon père !

LÉPINE (Louis), gouverneur général de l'Algérie. Carte de remerciements, à Alger, 1899. Lettre du 5 déc. 1901, comme préfet de police, me remerciant d'un cadeau de document historique à la préfecture de police.

LEROU (Emilie), l'excellente et si intelligente artiste pensionnaire de la comédie française, fille d'une demoiselle Tardieu. Lettres autographes de Janvier et février 1893 (précieuses), parlant de sa famille et des Tardieu. Souhaits de bonheur à cette grande artiste !

LE ROUX DE LINCY (Ant-Jean-Victor), érudit, historien né à Paris en 1806, mort audit lieu en 1869. L. a. du 19 déc. 1867, 24 janvier 1868.

DE LESSEPS (Charles), à Paris, qui, de 1850 à 1857, a été l'élève du Lycée Bonaparte, homme aussi intelligent que bienveillant. Bonheur !

LEVADOUX (Gustave), né à Riom (Puy-de-Dôme), résidant à Alger, receveur de l'enregistrement en retraite ; aimé, estimé. Il fut surnuméraire de l'enregistrement à Herment, en 1868, en remplacement de M. Groisne. Nos vœux cordiaux.

DE LISA - CHATEAUBRUN (Mme la marquise), au château de Noironte (Doubs). Souhaits parfaits, bonheur à cette grande dame, si artiste, si intelligente et si bienveillante et qui descend des de Bosredont. d'Auvergne, dont elle a un tableau-épitaphe de 1497, œuvre splendide et unique.

LOCKROY (Edouard), député, ministre de l'Instruction publique. Lettre autographe de remerciements très vifs, 11 janvier 1889. Souhaits de bonheur à ce savant bienveillant.

LONGY (Jean-François), docteur-médecin et maire à Eygurande (Corrèze), officier de la Légion d'honneur, etc.; auteur d'excellents ouvrages sur le bourg qu'il habitait, et sur l'asile de la Celette, Pierre de Besse, etc. Homme érudit, bienveillant, qui fut notre estimé ami. Lettre autographe au sujet de « l'Histoire d'Eygurande », 30 septembre 1891.

LONGY (Albert), fils du précédent, qui a publié un beau et bon volume in-4°, sur « l'Histoire de la ville d'Issoire », et fut, hélas ! trop tôt enlevé à l'affection de ses amis.

L. a. du 29 oct. 1877 et 9 nov. 1877. Il me remercie de mes conseils et de mon expérience et parle de ses difficiles recherches.

LOUBET (M.), président de la République. Nous a honoré, diverses fois, de ses remerciements et encouragements. Lettres officielles des 9 nov. 1895, août 1900, 30 juillet 1902, 25 mai 1903.

DE LOURMEL DU HOURMELIN (M. le Vicomte), au Fort-la-Motte), près Duperré (Algérie), gentilhomme de haute intelligence et bienveillant. Vifs souhaits cordiaux.

MACON, conservateur du Musée Condé, à Chantilly Honneur à son goût précieux. sa bienveillance et haute compétence, appréciés des érudits.

DE MADRAZO (Pedro), secrétaire de l'Académie royale d'histoire de Madrid. Nous remercions ce savant estimé. Souhaits de bonheur.

MAGNIOL (E.), à Paris. Souhaits cordiaux à cet estimé camarade de classe du pensionnat de Passy. Honneur et bonheur ! (V. page 86).

MAKART, le célèbre feu peintre autrichien à Vienne. Nous avons, de lui, une précieuse lettre, de 1884, écrite à Vienne, nous permettant de visiter son magnifique atelier.

MALHERBE (M.) bibliothécaire-archiviste de l'Opéra, érudit aussi bienveillant que savant, aimé et estimé. Mille souhaits cordiaux !

MALTE-BRUN (A.), le géographe savant. L. a. du 8 nov. 1882 (félicitations).

MARCHANT (M. le docteur), à Dijon, archéologue savant et bienveillant. Souhaits de bonheur et souvenir cordial.

MAREUSE (E.), à Paris, un savant amateur et un lettré qui honore la Capitale et les arts. Mille vœux cordiaux !

MARTHA-BECKER, comte de Mons, un ami décédé. L. a. du 31 juillet 1873, au sujet de son acquisition du beau château de Cordès (Puy-de-Dôme).

MARTIN (Marius), à Paris, ancien député. Sympathique et aimé. Souhaits cordiaux et bonheur.

MARTINET (Achille-Louis, graveur, de l'Institut (1877), né à Paris en 1806, mort au dit lieu en 1869. L. a. du 1er et 6 juin 1872.

MAS (M. le lieutenant) à Clermont-Ferrand. Souhaits parfaits et bonheur !

MASPERO, le savant archéologue. L. a. du 1er déc. 1882, de Boulak (Egypte). Il m'adresse ses félicitations au sujet des fouilles de Beauclair.

MASSICAULT (J.), né en 1838, mort à Tunis en 1892. Résident général à Tunis. Excellent administrateur. Autographe de remerciements.

DE MATHAREL (M. le vicomte et sa savante épouse), au château de la Grangefort (Puy-de-Dôme). (Voir page 91). Souhaits cordiaux et de bonheur !

MÈGE (Philippe), avocat, député, ministre ; né à Riom en 1817, mort à Clermont-Fd en 1878. L. a. du 31 oct. 1869 où il me dit : « Votre excellent père est logé dans mon hôtel ; nous passons ensemble d'heureux moments en causant du pays. »

MEISSONIER (Mme veuve), l'épouse de l'éminent peintre. L. a. des 13 mars, 18 mai, 23 mai et 7 avril 1892. Merveilleuses lettres d'une dame animée de précieux sentiments à l'égard de son défunt mari. (Voir page 107). Le grand peintre Meissonier est mort à Paris, le 3 janvier 1891.

MELCHISSÉDECH (Léon), né à Clermont-Fd, en 1843. De l'Opéra ; professeur au Conservatoire. Artiste éminent. L'une de nos célébrités d'Auvergne. Bienveillant, aimé, estimé. Il honore l'art français (Voir page 109). L. a. du 11 juillet et 26 sept. 1888, 15 mars et 19 juin 1890, 23 et 25 janvier, 15 oct. 1895.

MELLINET (le général), né à Nantes en 1798, mort audit lieu en 1895, grand maître de la franc-maçonnerie (1865-1870). Lettre (très aimable), du 3 avril 1885, au sujet du portrait gravé du célèbre voyageur Thevenot. Savant collectionneur.

MÉRANTE (Louis), né à Paris en 1825, mort à Asnières le 17 juillet 1887. Maître de ballet éminent à l'Opéra. L. a. du 7 et 25 juillet 1878, du 28 oct. 1885. La mémoire de ce grand artiste vit dans notre cœur.

MÉRANTE (Jules), architecte, le fils de l'éminent artiste de la danse qui précède. (Voir page 105). Souhaits cordiaux et bonheur.

MERCIÉ (Antonin), sculpteur éminent, peintre, membre de l'Institut, né à Toulouse en 1845. Il m'a complimenté, et j'ai été cordialement reçu en visite chez lui, à Royat, où il était en villégiature, l'été de 1904, et d'où il m'a écrit. Mes vifs remerciements.

MERCIER DE LACOMBES, député du Puy-de-Dôme. L. a. du

2 janvier 1872, 19 février 1872 et 8 mai 1872.

MERMET, le grand musicien-compositeur. Lettre autographe signée, du 16 mars 1870.

MEYNIAL (J.), l'estimé et grand libraire de Paris, mon compatriote d'Auvergne. Souhaits les meilleurs. Bonheur !

MICHON (l'abbé Hippolyte), né à la Roche-Fressanges (Corrèze), en 1806, mort à son château de Montansier, dans la Charente-Inférieure, en mai 1881. Le fondateur de la *Graphologie*. Littérateur, érudit, etc. (Voir page 98). L. a. du 27 nov. 1876, 9 déc. 1877, 10 nov. 1889. Très cordiales.

MIOCHE (M. l'abbé), estimé et intelligent curé de Messeix. Souhaits cordiaux. Remerciements. Bonheur !

DU MIRAL DE TONY (Elie Rudel), au château du Miral (voir page 92). Souhaits cordiaux à cet ami si intelligent et de goût. Bonheur aux siens !

DE MIRAMON DE FARGUES (de Cassagnes de Beaufort, marquis). Remerciements et souhaits les meilleurs à ce gentilhomme de vieille roche, si bienveillant.

MISTRAL (Frédéric), l'éminent et savant poète provençal, l'une des gloires contemporaines de notre nation. Homme aimable et artiste, aimé de tous. L. a. du 17 février 1902, 15 mai 1904, 29 janvier 1905. Il m'adresse ses compliments. La lettre du 11 mai 1904 est en langage provençal et parle de Mireille, 2 lettres ont son portrait remarquable. Honneur à ce grand français !...

DE MOHRENHEIM (le baron), ambassadeur de Russie, à Paris, né à Moscou, en 1824, L. a. du 28 août 1892, à Royat, me remerciant de mon *Guide d'Auvergne* ; « pré-

cieux » ; autre du 15 oct. 1895. Il me remercie du « splendide » volume, *Livre d'or du cortège des croisés à Clermont-Fd*.

MOISSON (Achille), premier président à la Cour de Riom. Bibliophile. L. a. du 19 avril 1872.

MONTAUBRY, l'excellent chanteur de l'opéra comique. Lettre très bienveillante, du 14 octobre 1880, sur ses cours de chant, que je voulais suivre en amateur, à Paris.

DE MONTGON (Mme la marquise douairière), château de Montagne (Puy-de-Dôme). Souhaits les meilleurs et respectueux à cette grande dame, si bienveillante (Voir page 99).

MONTGOURD (Paul), à St-Etienne (Loire), descendant d'une noble famille des environs d'Auzances (Creuse). Cordiaux souhaits, bonheur.

DE MONTLAUR (M. le Marquis). au château de Lyonne (Allier). Souhaits cordiaux à ce gentilhomme bienveillant. si intelligent, ami des lettres.

MONTORGUEIL (Georges-Octave Lebègue, dit). né à Paris en 1857, savant littérateur, directeur de l'Intermédiaire ; érudit. Nous lui adressons notre gratitude et nos souhaits cordiaux.

MONVAL (Georges Mondain dit), archiviste - bibliothécaire de la Comédie française à Paris. Littérateur savant, aimable, courtois. Honneur à cet érudit estimé !

DE MORTILLET (G.). savant naturaliste, né à Meylan (Isère), en 1825, mort à St-Germain-en-Laye, en 1898. L. a. du 4 nov. 1882 (Félicitations).

MOULIN (Gabriel), député du Puy-de-Dôme, né en 1810, mort en

1875. L. a à Thiers, du 31 ort. 1838 (à mon père) ; L. a, à Versailles, du 18 mars 1872 (à moi-même).

MOURLEVAT (M.). Instituteur communal à Volvic (P.-de-D.). Appréciateur du travail, du talent et doué de belle intelligence. Souhaits de bonheur.

MOWAT (A.). archéologue, érudit. Lettre du 4 nov. 1882 ; autre, cordiale, du 28 février 1885, sur la statue de Mercure de Zénodore, exécutée pour les Arvernes (intéressants).

NADAR (Félix Tournachois, dit), photographe de talent, littérateur aéronaute, né à Paris en 1920 (le 5 avril). L. a. du 25 juillet 1876 (cordiale et d'un artiste de haute intelligence).

DE NERVO (le baron), au château de Moutmarye (Puy-de-Dôme) ; vice-président du Conseil d'administration de la Cie Paris-Lyon-Méditerranée; homme rare d'intelligence et de goût ; aimé, estimé. Souhaits cordiaux. Remerciements. Bonheur.

DE NOLHAC (P.), né à Ambert, en 1859, l'éminent conservateur du Musée de Versailles. Homme très érudit et très estimé. Auteur apprécié. Il honore grandement l'Auvergne.

NOURRISSON (Paul), à Paris. Souhaits cordiaux à lui et souvenir à la mémoire de son éminent père, de l'Institut de France, qui encouragea mes travaux.

NUITTER (Charles-Louis-Etienne Truinet, dit), auteur dramatique, savant bibliothécaire de l'Opéra. Homme bienveillant et courtois. Nombreuses lettres de cet éminent ami. 28 mars 1876, 2 novembre 1895, etc. Décédé.

ODEND'HAL (Emile), à Arcueil (Seine), ancien élève du pensionnat de Passy. Bonheur !

OPPERT (Jules), archéologue savant, membre de l'Institut, né à Hambourg en 1825. Célèbre par sa traduction des inscriptions cunéiformes. L. a. du 16 nov. 1882, (félicitations).

PARIS (Paulin), érudit, membre de l'Institut, né à Avenay (Marne), en 1800, mort à Paris en 1881. L. a. du 8 nov. 1873, 2 juillet 1874 et 3 janvier 1878. Très cordiales : elles émanent d'un grand savant, juste et droit. Il me complimente de mon *Histoire de Clermont-Fd.* Sa mémoire vivra dans mon cœur.

PARIS (Gaston), fils du précédent, membre de l'Académie française et des Inscriptions et belles-lettres. Carte de remerciements et de compliments pour mes travaux (25 août 1902).

PEIRONNEL (Joseph), à Céret (Pyrénées-Orientales), mon estimé cousin. Souhaits cordiaux, bonheur. Souvenir à la mémoire de son cher feu père !

PEROT (Francis), à Moulins (Allier), dont la grande érudition honore le Bourbonnais. Souhaits cordiaux.

PERRAUD (Mgr), évêque d'Autun, cardinal, de l'Académie française, né à Lyon, en 1828, mort à Autun, en 1906, 2 cartes avec lignes autographes qui prouvent sa bienveillance et son érudition ; l'une d'elle est de janvier 1904.

PERRIER (E.), à Marseille. érudit, auteur savant, collectionneur d'un goût rare et précieux. Souhaits cordiaux, bonheur à lui aux siens !

PERROT (Georges), savant archéologue, né en 1832. Autographe du 15 nov. 1882 (Félicitations).

PETIPA. Excellent maître de ballets à l'Opéra, professeur au Conservatoire de musique, artiste des plus remarquables, l'honneur de son art. Remerciements. 1888. (Il m'envoie sa photographie en même temps).

PETIT (le docteur Alexandre), à Royat. Médecin excellent et, ce qui ne gâte rien, archéologue, collectionneur de grande intelligence. Vives félicitations et cordialité !

DE PETRA (Jules), directeur du musée national de Naples. L. a. du 9 juin 1883 (Remerciements).

PICARD (le général) commandant le 13ᵉ corps d'armée à Clermont-Ferrand, L. a. du 2 juin 1876.

PICHON (le baron Jérôme), né à Paris, en 1812 ; décédé; célèbre collectionneur. Cet ami savant, nous a gratifié de sa confiance et sympathie précieuse. Nous avons de lui une série de lettres.

PICHOT (L'abbé), né près d'Auzances (Creuse), curé de la Condamine, à Monaco, vice-président de l'institut international de la Paix, à Monaco. Souhaits cordiaux !

PIOLIN (dom Paul), bénédictin savant de Solesmes. Erudit L. a. du 8 nov. 1878.

PLICQUE (le docteur), médecin à Lezoux, archéologue. A fait des fouilles gallo-romaines très importantes à Lezoux (Puy-de-Dôme). L. a. des 6 déc. 1882, 6 fév. et 25 oct. 1886, 13 juin 1892.

DE PONTGIBAUD (le comte de MORÉ), au château de Pontgibaud, dont l'éminent père a encouragé mes œuvres (Voir page 101); souhaits cordiaux ; remerciements vifs.

POUJAT (François), propriétaire et maire à Tortebesse (Puy-de-

Dôme). Souhaits de bonheur à cet intelligent ami de ma famille.

PRIVAT (Gaston), avocat à la cour d'appel internationale d'Alexandrie, député de la nation. Souhaits cordiaux et remerciements à lui et à son épouse. Son feu savant beau père. M. Lapeyrie, iconophile éminent, a été notre vénéré ami et nous a écrit des lettres savantes de 1879 à 1892.

PROUVOST (le général). Carte autographe de vifs remerciements pour moi et ma famille qui l'avait reçu à Herment.

PYRENT DE LA PRADE (le comte), dont le père, homme estimé et lettré, fut notre vénéré ami; souhaits cordiaux !

REINACH (Salomon), le savant archéologue. Lettre autographe très intéressante, sur une statue antique.

DE RÉMUSAT (Paul), né à Paris en 1841, mort audit lieu en 1897. Homme politique. L. a. 30 nov. 1885. 25 déc. 1885.

RENAUD (Henri), à Troyes (Voir page 88). Souhaits cordiaux ; gratitude profonde à cet érudit distingué et collectionneur savant, qui honore la Champagne.

RETOURET (La famille), à Paris. Nos souhaits les plus cordiaux; souvenir précieux à cette estimable famille.

REVOIL (Paul, gouverneur général de l'Algérie. J'ai de nombreux encouragements précieux de cet homme bienveillant et dont la considération générale est grande.

RIBEYRE (Félix), né en 1831 à Pont-du-Château (Puy-de-Dôme).

Journaliste de grand talent, auteur savant. L. a. du 19 janv. et 4 fév. 1894. A publié, en 1893, ma biographie, in-4, 12 pages, où il a mis son cœur et sa bienveillance. Décédé.

DE RIOLLET DE MORTEUIL (M. le comte), au château de Chilhac-Tansac. Souhaits cordiaux de bonheur !

RIS-PAQUOT, à Abbeville (Sommes), l'un des érudits qui honore le plus la France contemporaine par ses superbes publications si savantes et si nombreuses. Cordial souvenir, admiration !

DE ROQUEFEUIL (M. le comte), château de Croptes (Puy-de-Dôme), Souhaits cordiaux ; bonheur à ce gentilhomme de vieille roche.

DE ROQUEMAUREL (M. le marquis), d'une antique maison d'Auvergne, au château de Penne (Lot-et-Garonne). Nos cordiaux remerciements, bonheur, à ce grand gentilhomme si intelligent et bienveillant.

DE ROSSI (J.-B.), l'un des plus illustres archéologues du 19e siècle, homme d'une courtoisie et d'une amabilité rares. Né à Rome en 1822, mort en 1894. L. a. du 6 novembre 1882 ; autre du 17 juillet 1885, au sujet des vieux plans de Rome.

ROUART (Henri), l'éminent collectionneur, à Paris. Souhaits cordiaux, remerciements. Honneur à sa belle intelligence !

ROUCHON (Gilbert), archiviste départemental du Puy-de-Dôme, qui a encouragé nos publications. Remerciements; souhaits de bonheur à cet érudit bienveillant.

ROUEYRE (Noël), juge de paix, à Herment, l'ami constant de mes parents. Souhaits très cordiaux, à lui et à Madame Roueyre.

ROUSSIÈRE (François), à Alger, directeur de l'école des sourds-muets. Né à Messeix. Homme de belle intelligence, aimé, estimé, un ami, que je salue cordialement.

ROUX (M. le docteur), médecin à Herment, ami de ma famille et sa fille, l'intelligente et bienveillante Mlle Berthe Roux. Souhaits les meilleurs et bonheur !

ROUSTAN, résident général à Tunis en 1881. Lettres autographes du 2 et 4 fév. 1881, au sujet d'une audience demandée pour moi au bey de Tunis et accordée gracieusement.

DES ROYS (M. le marquis), à Paris. Souhaits cordiaux et souvenir à la mémoire de son cher feu père, un éminent ami.

RUPIN (E.), Erudit qui honore le Limousin, à Brive (Corrèze). Souhaits cordiaux à cet éminent ami, dont la décoration honore la science.

DE St VICTOR (Charles), au château de Chamousset. Erudit estimé. Souhaits cordiaux et bonheur. Il descend des illustres Savaron, d'Auvergne.

DE St-VIDAL (Madame Elina PORRAL), au château de St-Vidal (Haute-Loire), cette vénérée amie qui nous a appris à lire, en 1844. Souhaits très cordiaux et bonheur. (Voir pages 71 et 110).

DE SAISSET (Jean-Marie-Joseph), amiral, né à Brest en 1825. Souscrit avec cordialité à l'*Histoire généalogique de la maison de Bosredont*. L. a du 1er février 1885.

SALNEUVE (Mathieu - Jean-Claude), né à Aigueperse (Puy-de-Dôme), en 1815, mort en 1889. Sénateur. L'ami de ma famille ; a beaucoup encouragé mes travaux. L. a. du 11 avril 1872, 12 mars 1877.

DE SAMPIGNY (M. le comte), au château de la Forêt, près le Donjon (Allier). Nous ne pouvons passer sous silence qu'il a encouragé nos œuvres. C'est pour nous un devoir de rendre hommage à ce gentil-homme d'antique noblesse, remarquable par sa bienveillance et son goût des belles choses. Nous tenons à lui donner un souvenir ; car il a été enlevé trop tôt à notre affection, par une mort prématurée, en l'année 1904.

SARCEY (Francisque), le célèbre publiciste, né à Dourdan (Seine-et-Oise), en 1827, mort à Paris, en 1899. L. a. de 1885 où il me complimente de mon *Guide d'Auvergne*. Un article de journal, de lui, fait l'éloge de ma petite *Histoire abrégée d'Herment*.

DE SARDAGNA (le commandeur G.), qui en 1883, lorsque j'étais à Venise m'a honoré de son amitié précieuse. Il avait un musée superbe, dans son palais vénitien. L. a. à Venise, le 28 mai 1883.

DE SAURET D'AULIAC (Mme), au château de Vixouze, dont la mère est née d'AURELLE DE PALA-DINES (Voir page 102). Souhaits cordiaux et remerciements.

SEINCE. Cette estimable famille, à Messeix, mérite un souvenir. M. Seince, maire de Messeix, fut un ami ; et je salue avec cœur ses enfants : Mme Boyer-Seince, son mari et M. Cyrille Seince, à Messeix.

SILVAIN (Charles), lithographe, dessinateur de grand talent, mort

en 1905. Souvenir inoubliable. Voir page 112).

SIOT-DECAUVILLE (Edmond), fondeur éditeur de grande renommée, à Paris. Souhaits cordiaux à cet éminent élève du pensionnat de la rue Raynouard, à Passy, où j'ai été élevé. (Voir page 86).

SULLY PRUDHOMME, membre de l'Académie française (Voir p. 83). Nous tenons à le remercier encore de sa sympathie. Honneur à ce poète éminent ! Admiration pour ses œuvres !

DE SURREL DE St-JULIEN DE St-HAOND (Le comte Amédée), à Marsat, près Riom, gentil-homme de haute intelligence et bienveillant. Honneur à son bel esprit et à son idéal !

DE TALEYRAND (Le duc Napoléon-Louis), duc de Valençais et de Sagan, chevalier de la Toison d'or. Le riche propriétaire du merveilleux château de Valençais. M'a adressé des encouragements précieux. Né en 1811 : décédé. Belle lettre autographe du 8 mars 1895, de Berlin.

TABOUET, à la Palisse (Allier), qui descend d'une antique famille des croisades. Souhaits cordiaux et de bonheur.

TALLON (Eugène), avocat, député, né en 1836, mort en 1903 ; a formé un curieux musée privé dans son château de Châteauneuf-les-Bains. Littérateur. L. a. du 9 juillet 1893, 15 août 1893 ; m'a écrit des condoléances cordiales, en 1889, à la mort de mon père.

TARDIEU (M.) à Laugnac (Lot-et-Garonne. Vœux de bonheur et compliments les plus cordiaux !

TARDIEU (E.), chef de gare en retraite à Lisle-sur-Sorgues. Souhaits de bonheur, à lui, à ses enfants. Il représente dignement les Tardieu.

TARDIEU (Joseph), à Lisle-sur-Sorgues. Cordialité et félicitations de sa belle intelligence.

TARDIEU (E.), à Paris, rue d'Angoulème. Mille bons souvenirs !

TARDIEU (E.) fils, à Callas (Var). Hommage cordial à sa belle intelligence !

TARDIEU (le docteur), médecin à Arles (Bouches-du-Rhône), savant et intelligent collectionneur. Il possède une précieuse collection de vieilles étoffes unique en son genre. Souhaits cordiaux. Souvenir inoubliable !

TARDIEU (Victor), artiste peintre très distingué, à Paris. Souvenir précieux et souhaits de bonheur !

TARDIEU (Albert), propriétaire, rentier, à Piégon (Drôme). Souvenir et souhaits. Bonheur !

TARDIEU (L.), à Compalay (S.-et-M.) Souvenir inoubliable. Bonheur à lui et à son intelligente épouse.

TEYTARD (l'abbé), ancien curé d'Aubière (Puy-de-Dôme), chanoine de la cathédrale de Clermont-Fd. Erudit. Collectionneur de haute intelligence, d'un goût rare. Possesseur d'un superbe musée religieux. Souhaits les plus cordiaux.

THIBAUD (Emile), né à Riom en 1806, mort en 1896. Erudit. Bon, de merveilleuse intelligence; a longtemps encouragé mes œuvres (Voir page 104) L. a. 6 juillet 1892, 15 avril 1895, 30 août et 3 mai 1895 ;

autre à l'âge de 87 ans, (cordiale, précieuse).

THIERRY (Amédée), historien, de l'Institut, né à Blois en 1797, mort à Paris en 1873. L. a. signée du 17 juillet et 13 nov. 1872, très cordiales et appréciant hautement mon *Histoire de Clermont-Fd*.

THOMAS (Antoine), érudit, professeur de philologie à la Sorbonne ; né en 1857, à St-Yrieix-la-Montagne. Ce savant honore grandement la Haute-Marche. L. a. du 21 août 1901, remerciant de mon *Guide d'Auvergne* « fruit d'une science et d'un travail incomparables». Autres lettres où se montre la grande érudition de ce savant.

TIRMAN, né à Mézières en 1837, gouverneur général de l'Algérie, dont l'aménité et l'intelligence furent grandes. A encouragé mes œuvres et m'a envoyé amicalement sa photographie. Lettres autographes du 23 avril 1885, 19 septembre 1885, 15 janvier 1889, mars 1890.

TIXIER (A.), à Odessa (Russie), Souhaits cordiaux et bonheur. Il est né à Bialon, près de Messeix (Puy-de-Dôme).

DE TOCQUEVILLE (Madame la baronne) née BERARD DE CHAZELLES, au château de Bezances (Puy-de-Dôme), grande dame de haute intelligence et de goût. Souhaits de bonheur !

TOURFAUT (L.), graveur de grand talent. Lettre autographe. A gravé, en 1877, un grand portrait sur bois, in-4° de votre serviteur. *Le Monde illustré* donne des portraits gravés par lui.

TOURNEUX (Maurice), né à Paris en 1849, littérateur, bibliographe savant. Lettre autographe du 18 avril 1882.

TRAVERS (J.), à Caen, érudit, archéologue. Félicitations de mes voyages. Lettre autographe du 26 août 1885.

TUSTES DE LAJOLLES DE FERIAY (Albert), né à Alger, en 1888, poète de grand talent et de réel avenir ; collaborateur à diverses revues et fondateur de la *Revue méditerranéenne*, sous le pseudonyme de vicomte de Miramont. Nos vœux à cet ami estimé.

UHLERICH (l'abbé), curé d'Orbey (Alsace-Lorraine). Voir page 90. Souhaits cordiaux, bonheur à cet ami excellent. Souvenir précieux ! Remerciements.

D'USSEL (M. le marquis), au château du Bost, près Magnat (Creuse). Gratitude et souhaits cordiaux à ce gentilhomme d'illustre maison.

D'USSEL (le comte), inspecteur général des ponts-et-chaussée, à Paris. Nous avons écrit un important manuscrit généalogique pour son estimé père. (Voir page 88). Souhaits cordiaux.

D'USSEL (Mme la comtesse), née FILLIAS DE CHALUDET, notre estimée parente, au château de Chaludet (Creuse). Souhaits de bonheur pour elle et les siens. (Voir page 91).

D'UZÈS (Mme la duchesse), née de Mortemart, qui s'occupe de choses d'art. Nombreuses L. a. Du 28 avril, 8 mai, 24 juin, 27 juin, 11 juillet 1895, au sujet de la cavalcade des croisades à Clermont-Fd (où elle avait assisté, en mai 1895). Autres lettres.

VACARD (A.), à Paris. Souhaits cordiaux, ainsi qu'à son épouse, si bienveillante. Ils sont les amis de mes chers parents et inoubliables.

VACQUERIE (Auguste), homme politique, littérateur, né à Villequier (Seine-inférieure), en 1819, mort, en 1895. Lettre autographe du 25 novembre 1884, au sujet de sa naissance.

DE VAL DE GUYMONT (le baron Ferdinand). Décédé. D'une antique famille noble d'Auvergne et des croisades qui remonte au 13e siècle. La baronnie de Saunade, entra dans sa famille en 1729. Regretté de nous comme ami et camarade de classe, au Petit-Séminaire, où il eut les premiers prix, ce gentilhomme, généreux et sympathique, était un fin connaisseur d'objet d'art. Nous adressons à sa veuve et à ses chers enfants nos souhaits les plus cordiaux !

VALENSI (le général de division), grand personnage de l'entourage du Bey de Tunis. Homme de haute intelligence, que j'ai eu l'honneur d'approcher. Lettre autographe, à Tunis, 19 mai 1888. Souhaits cordiaux à cet homme éminent.

VALLÉ (Ernest), sénateur, ministre de la justice. Lettre autographe de remerciements très cordiaux, et ses encouragements à mes publications.

VAPEREAU (Gustave), mort en 1906, auteur d'un *Dictionnaire des contemporains*, très estimé. Né à Orléans en 1819. Lettre autographe cordiale du 18 novembre 1878. M. Vapereau a eu la bienveillance de me faire figurer avec belle notice biographique dans son *Dictionnaire des contemporains*.

VARINARD (Ad.), continuateur de l'œuvre curieuse de l'abbé Michon (Voir page 98), c'est-à-dire de *la*

Graphologie. Lettre autographe du 12 juin 1881.

VEDRINE (Blaise), à Auzances (Creuse), duquel je garde précieux souvenir de 1861. Bonheur et compliments. Cordialité à sa belle intelligence.

VERNY (Emile), propriétaire à Herment. Souhaits cordiaux et souvenirs à ses chers parents défunts. Bonheur ! Nous adressons aussi, à Madame SEMBEL, née VERNY, sœur de M. Emile VERNY, nos vœux de bonheur.

VERON (Pierre), journaliste fécond, né à Paris en 1831, mort audit lieu en 1900. Lettre autographe du 6 janvier 1880.

DE VERSAINVILLE-ODOARD (M. le marquis), au château de Versainville. Nos souhaits cordiaux et remerciements à ce gentilhomme si intelligent et de vieille roche.

VERSEPUY (madame), à Chamalières (Puy-de-Dôme), Remerciements et souhaits. Souvenir à la mémoire de son feu cher mari, artiste des plus distingués, mort en 1898 et notre vénéré ami.

DE VEYNY D'ARBOUSE (M. le marquis), au château du Chailloux (Nièvre). D'une des plus anciennes maisons nobles d'Auvergne. Souvenir cordial. Souhaits de bonheur.

VIARDOT (Pauline), née GARCIA, célèbre cantatrice, née à Paris, en 1821. Lettre autographe du 19 novembre 1885 (très-aimable), au sujet de mon ouvrage, *Voyage en Espagne*. Honneur à cette grande artiste !

VIDALEIN (L.), sous-ingénieur des Ponts-et-chaussées, gendre de M. Chopinet, directeur de l'école normale de Clermont-Ferrand (Voir page 79). Sa bienveillance mérite mille remerciements !

DE VILLELUME (M. le Vte R.), au château de Corrigé (Haute-Vienne). Souhaits de bonheur à ce gentilhomme d'antique noblesse descendant des de Villelume des croisades, à Barmontet, près d'Herment.

VILLIOD, (François), intelligent notaire à Condat-en-Combraille (Puy-de-Dôme), qui s'occupe de publication historiques. Il descend, par sa mère du célèbre de la Pérouse navigateur.

VOISSE (Léger) bibliothécaire communal de la ville de Thiers. Nos compliments pour son goût et sa bienveillance rares.

DE WAILLY (Natalis) né à Mézières, en 1805, mort à Paris en 1886. Erudit. Lettre autographe du 28 janvier 1866.

DE WARREN (M. le Comte) à Nancy et sa vénérée mère, née Tardieu, ma parente. Honneur à leur belle intelligence et souhaits les meilleurs !

DE WATTEVILLE, l'aimable et savant directeur au Ministère de l'Instruction publique, qui a encouragé mes publications et m'a adressé la photographie de son père. L. a du 1 juillet 1878.

WILSON (Daniel), député, gendre de M. Grévy, président de la République française. Né à Paris en 1840. Lettre autographe du 19 janvier 1886, très aimable, au sujet de mon *Dictionnaire iconographique des Parisiens*, auquel il avait souscrit.

YUNG (Le général), député ; décédé. Directeur de l'*Intermédiaire des curieux*. Souvenir à sa chère mémoire ! Lettre autographe du 11 juin 1895. Très bienveillante.

YRIARTE (Charles), littérateur, érudit, inspecteur des Beaux-Arts, né à Paris en 1832, mort au dit lieu le 10 avril 1898. L. a. du 13 juin, 23 août, 31 octobre 1881, 4 novembre 1882, 23 février 1883, 16 mai, 19 décembre 1885 (La lettre du 23 février 1883 m'est adressée à Venise où j'étais alors).

SUPPLÉMENT

HALLOPEAU (François-Henri), omis par oubli en parlant du Lycée Bonaparte (Voir page 84), mérite des lignes élogieuses et cordiales. Cet éminent condisciple suivit les cours du Lycée Bonaparte, de 1851 à 1859. Il est, actuellement, membre de l'Académie de médecine, professeur agrégé à la faculté de médecine, médecin de l'Hôpital St-Louis, à Paris. Puisse-t-il recevoir ici, l'hommage de mes vœux les meilleurs et et de tout le bien que je lui désire vivement !

OUVRAGES DE M. AMBROISE TARDIEU

Historiographe de l'Auvergne

ISTOIRE *de l'abbaye royale de l'Eclache*, en Basse-Auvergne, in-folio, (resté *manuscrit*). A obtenu la grande médaille d'or au concours de l'Académie de Clermont-Ferrand, en 1862. (Conservé à la Bibliothèque de Clermont-Fd).

2. *Histoire généalogique de la Maison de Bosredont*, en Auvergne, grand in-4, 1863.

3. *Histoire de la ville et de la baronnie* d'Herment, en Auvergne, grand in-4, 1866.

4. *Histoire de la ville de Clermont-Ferrand*, 2 vol., grand in-4, avec planches. 1871-1872.

5. *Ephémérides Clermontoises*, publiées en juillet 1871, dans le *Moniteur des Communes*, à Clermont-Fd.

6. *Histoire de la ville de Montferrand et du bourg de Chamalières*, en Auvergne, grand in-4, avec planches, 1875.

7. *Histoire de l'administration municipale de Clermont-Fd*, de 1849 à 1869, in-4, 1875, photographies.

8. *Description générale du Bourbonnais* en 1569, par NICOLAS DE NICOLAY (ouvrage publié par le comte d'Hérisson et dirigé par Ambroise Tardieu), 1875, in-4.

9. *Grand Dictionnaire historique du département du Puy-de-Dôme*, grand in-4, 1877.

10. *Grand Dictionnaire biographique du département du Puy-de-Dôme*, grand in-4°, avec beaux portraits, 1878.

11. *Histoire de la ville et baronnie de Thiers*, 1878, in-4 (œuvre posthume de M. Hermose Andrieu, publié par M. Ambroise Tardieu).

12. *La ville gallo-romaine de Beauclair*, commune de **Voingt**, près d'Herment (Puy-de-Dôme), fouilles et découvertes, grand in-4, planches en couleurs, 1882.

13. *Notice biographique sur Guillaume-Michel Chabrol*, juriconsulte, in-8, portrait, 188...

14. *Curiosités de voyage, De Limoges à Clermont et à Thiers*, en 1631. (Extrait et traduction de l'Itinéraire d'Abraham Golnitz) in-8, 1882.

15. *Pontgibaud, en Auvergne* (la ville, le château, le comté, les mines), in-8, 1882, planches.

16. *Notice sur la clef de Saint-Hubert, d'Aurières* (Puy-de-Dôme, in-8, avec dessin de la clef.

17. *Généalogie de la maison du Plantadis* (dans la Marche et en Auvergne), petit in-4, blasons en couleurs, 1882.

18. *Montrognon* (le château, les seigneurs, in-8, 1883, (avec vue des ruines du château).

19. *Les Thermes gallo-romains de Royat* (Puy-de-Dôme). — Rome, 1883, in-8, plan.

20. *Le Mont-Dore et la Bourboule historiques et archéologiques*, in-12, avec photogravures, 1884.

21. *Trois mois à Venise*. — Lyon, Pitrat aîné, 1884, in-8.

22. *Dictionnaire des anciennes familles de l'Auvergne*, in-4, blasons en couleurs, 1884.

23. *Voyage en Autriche et en Hongrie* (avec illustrations), 1884, in-8.

24. *Dictionnaire iconographique des Parisiens*, in-8 à 2 colonnes, avec portraits par Thomas de Leu, Léonard Gaultier, etc, reproduits par la photogravure, 1885.

25. *Voyage archéologique en Italie et en Tunisie*, avec 25 photogravures, in-4. 1885.

26. *Voyage artistique en Espagne*, avec 14 photogravures, in-4, 1885.

27. *Histoire abrégée et populaire de la ville d'Herment*, in-16, 1885.

28. *Guide complet illustré de l'Auvergne* (Puy-de-Dôme), in-16, 200 gravures, 1885.

29. *Alger tel qu'il est*, in-4, richement illustré, 1887.

30. *L'Auvergne illustrée* (1886-1888), 1. vol. in-4, avec plus de 450 gravures.

31. *A travers l'Europe et l'Afrique*, in-4, 1888 gravures.

32. *Histoire illustrée des villes d'Auzances et de Crocq*, in-16, 1888.

33. *Vie de Charles Tardieu*, licencié en droit, ingénieur des mines, agriculteur, géologue et chimiste (1810-1889), 1re édition

1889, in-12 ; 2e édition, 1894, in-12 (celle-ci plus complète).

34. *De Paris au Sahara* (Guide archéologique), 1890, Batna petit in-8.

35. *Histoire illustrée de la ville et du canton de St-Gervais d'Auvergne*, in-16, 1892, Gravures.

36. *Histoire généalogique de la maison de la Roche du Ronzet*, in-4, blasons, 1892.

37. *Sources du Nobiliaire d'Auvergne*, 1892, in-2.

38. *Histoire généalogique des Tardieu*, 1873, in-4. portraits blasons.

39. *Dictionnaire historique, généalogique et biographique de la Haute-Marche*, in-4°, gravures, 1894.

40. *Livre d'or du cortège des croisés*, à Clermont-Fd, in-4° 1895, photogravures.

41. *Les comptes des consuls d'Herment, en 1398.* Publication in-8 faite avec M. Dauzat. Ces comptes sont en langage vulgaire (patois) d'Auvergne et très-curieux.

42. *Histoire illustrée du bourg de Royat*, in-8°, gravures, 1902.

43. *Dictionnaire des Ex-Libris d'Auvergne*, in-8, gravures, 1903.

44. *Dictionnaire iconographique de l'Auvergne*, in-4° nombreux portraits reprodnits en photogravure, 1904.

45. *Les voyages d'un archéologue - historiographe à travers l'Europe et l'Afrique, suivis des Souvenirs de la vie de l'auteur*, 1906, petit in-8.

M. Ambroise TARDIEU a collaboré, comme archéologue, à un grand nombre de journaux. Citons entr'autres l'*Art*, l'*Intermédiaire des chercheurs et des curieux*, le *Moniteur du Puy-de-Dôme*, la *Dépêche du Puy-de-Dôme*, la *Revue archéologique de la Corrèze* (à Brives), le *Petit Clermontois*, etc. Il a, en manuscrit, (sans intention de les publier), le *Dictionnaire biographique des Parisiens* (7.000 notices), et *Alger archéologique et historique*.

Lettres de Notabilités

ES LETTRES qui terminent cet ouvrage sont choisies parmi la volumineuse correspondance que j'ai reçue en divers temps de célébrités françaises et étrangères. Les noms d'*Alexandre Dumas* fils, de *Mistral*, de *Makart*, de *de Rossi*, etc. sont illustres dans le monde entier et méritent tout honneur. J'y comprends une lettre d'**Ambroise Tardieu**, le célèbre graveur, mort en 1841, au sujet du mariage de mon père, qu'il a élevé, et une autre lettre écrite par le fils de ce dernier, le savant docteur-médecin si connu, annonçant la mort de son père dans des termes très touchants.

BARDOUX (Agénor), né à Bourges en 1829, mort à Paris. Ministre, membre de l'Institut. Lettre du 4 février 1895, à Paris.

« Monsieur, je reçois votre très beau programme pour les fêtes du 8ᵉ centenaire de la croisade. Il sort de la banalité. Je désire vivement que vous puissiez réussir. Je vous envoie toutes mes félicitations. Signé : BARDOUX. »

BERTHELOT (P. E. Marcellin), le célèbre chimiste, né à Paris, en 1827. Lettre du 17 décembre 1901, de Paris, au sujet du *Dictionnaire de la Grande Encyclopédie*, où j'ai une notice biographique dans laquelle on m'attribue un grand ouvrage que je n'ai jamais publié et pour laquelle je demandais une rectification.

« Monsieur, c'est par une méprise singulière que vous m'adressez une lettre destinée au directeur de la Grande Encyclopédie. Les seules questions dont j'ai pris la responsabilité sont les questions de chimie et seulement les articles que je signe. Je ne suis pas directeur pour l'histoire. Parfaite considération. Signé : M. BERTHELOT. »

BONNAT (Léon), le célèbre peintre de l'Institut, né en 1833, à Bayonne. Lettre du 5 février 1890, à Paris :

« Monsieur, j'ai reçu votre lettre, ainsi que les brochures que vous m'avez fait l'honneur de m'envoyer. Je vous remercie. Si quelque heureux hasard m'amenait dans votre belle contrée, j'irais, certainement vous remercier de vive voix, tout en visitant votre musée. Veuillez agréer, monsieur, l'assurance de ma haute considération. Signé : L. BONNAT. »

BOUGUEREAU (William), le célèbre peintre, décédé. Né à La Rochelle, en 1825. Carte autographe de 1903, à Paris, avec ces mots :

« Avec mes remerciements et mes meilleurs vœux. »

BOULANGER (le célèbre général), né en 1837, à Rennes. Décédé. Alors général de division à Clermont-Fd.

« GÉNÉRAL BOULANGER, commandant la division d'occupation. Avec tous mes remerciements. J'ai lu avec le plus vif intérêt, le récit de votre voyage en Italie et en Tunisie.

BOURGET (Justin), recteur de l'Académie de Clermont-Fd, mort en 1887. Père de M. Paul Bourget, de l'Académie française.

« Paris, le 13 septembre. Monsieur, je vous remercie de votre gracieux envoi que je viens de recevoir ; je le lirai avec intérêt. Je vois que vous consacrez vos loisirs à des travaux de patience qui intéressent non-seulement l'histoire générale, mais encore l'histoire de notre belle Auvergne ; je vous en félicite. Veuillez agréer l'assurance de ma considération distinguée. Signé : *Le recteur*, J. BOURGET. — P. S. Je serai de retour à Clermont dimanche prochain.

BOUSQUET (Monsieur), mon vénéré directeur de jadis, du grand pensionnat à Chaillot, d'où j'étais conduit en omnibus au Lycée Bonaparte (en 1850-1851). Ce maître estimé a aujourd'hui 94 printemps. Puissent ses années être heureuses toujours !

« Paris, 12 mars 1906. Mon cher élève. Vos souvenirs émus de l'ancienne institution de Chaillot m'ont causé une douce impression. Ils commencent à dater d'un peu loin. La rage des constructions qui signala la fin du second empire n'épargna pas le quartier de Chaillot, qui est aujourd'hui richement habité. Il ne reste presque rien de ce que vous avez connu. Exproprié, je renonçais à m'établir de nouveau : je n'aurais pu rien trouver d'équivalent, même à des prix impossibles. Des nombreux élèves qui ont fait partie de l'institution, beaucoup ont disparu. Je suis resté en relations amicales avec quelques-uns : Léon Derosnes n'est pas mort ; il habite Nanterre ; Sully Prudhomme, de l'Académie française, vit à Chatenay (Seine). En mars 95, l'élève Yung, général et député, votre contemporain, ainsi que Félix Faure, président de la République, eurent l'idée de réunir ce qu'ils pourraient trouver d'anciens camarades et d'aller moi en tête rendre visite au susdit Félix qui nous fit un charmant accueil, en nous rappelant des détails qui lui étaient restés présents : une pension de demoiselles, notre voisine, dont le jardin n'était séparé du nôtre que par un mur peu élevé... ; le 2 décembre, où il avait pris ses premières leçons d'équitation, sur les chevaux des lanciers parqués dans notre cour d'entrée, etc. Ce même général Yung voulut réunir en un banquet et même grouper d'anciens camarades. Le banquet eut lieu au cercle militaire. Au dessert, l'élève Sully Prudhomme m'adressa le sonnet ci-joint :

A mon excellent maître

Quand à l'un de vos cours, merveilleusement clairs,
J'assistais le jeudi, mon vénérable maître,
Votre verbe précis, beau du jour qu'il fait naître,
Déjà, diciplinait à votre insu mes vers.

Par ce bienfait, malgré nos sentiers si divers,
Ils sont un peu vos fils ; daignez les reconnaître.
De vous fêter, ce soir, ils sont dignes, peut-être ;
Je leur dois ce plaisir et cet honneur très chers.

Ah ! les murs sont tombés où tant d'âmes amies.
Semblaient dans Paris même, en plein champ réunies,
Bientôt, un demi siècle aura sacré leurs nœuds.

Les cœurs n'ont pas vieilli que vous faisiez éclore
Et la graine a germé que vous semiez en eux
Faites-y la moisson, maître, longtemps encore.

« Depuis cette époque, Yung est mort ; et je vois disparaître peu à peu mes anciens élèves ; triste privilège de mon âge. Je n'ai aucune vue de l'établissement dont il est resté d'ailleurs aucun vestige. Veuf depuis peu de temps, fatigué de Paris, je vais vivre le peu de jours que Dieu voudra bien me laisser encore, dans ma petite maison de campagne à l'Etang-la-Ville (Seine-et-Oise) avec la fille qui me reste et ma petite-fille. Très touché de votre bon souvenir, je vous envoie, mon cher élève, mes bien affectueux compliments. Signé · Bousquet. »

BUISSON (Ferdinand), directeur de l'enseignement primaire, délégué à l'exposition de Vienne. Lettre de Paris, du 23 mars 1873, au bibliothécaire de la ville de Clermont-Fd, au sujet de l'*Histoire de la ville de Clermont-Fd*. Cette lettre a été transmise, aussitôt, à moi-même qu'elle concernait :

« Monsieur, au moment de clore la liste des envois des sociétés savantes, à Paris, pour l'exposition de Vienne, on m'apprend que la ville de Clermont pourrait s'honorer et nous honorer en joignant à cette exposition, l'atlas géologique de Lecoq et une *Histoire de Clermont*, publiée sous les auspices d'une société (1). S'il en est ainsi, veuillez me permettre de vous demander, monsieur, de vouloir bien faire en diligence expédier par les éditeurs, ces deux ouvrages au dépôt de l'exposition du ministère de l'Instruction publique, à Paris, à l'école Colbert, 27 rue Château-Landon. Je vous promet, que s'ils arrivent avant huit jours et, surtout, s'ils arrivent reliés, ils feront partie de l'envoi du ministère à Vienne. Veuillez agréer, monsieur, l'expression de ma plus haute considération. *L'Inspecteur délégué*, signé : F. Buisson.

CHEVALIER (Monseigneur), clerc national à Rome, savant archéologue. Décédé.
« Rome, 5 octobre 1882, Via Arancio, 59. Monsieur, j'ai reçu

(1) Erreur ! J'ai publié, *seul, à mes frais*, cet important ouvrage (voir page 97) ; aucune société m'a aidé.

et lu avec empressement, votre excellent mémoire sur le vicus gallo-romain de Beauclair. Cette lecture a été pour moi remplie d'intéret. Vous identifiez parfaitement, ce me semble, la station de *Fines*, avec le point exploré par vous. La tradition locale, l'existence d'un vieux chemin, les mesures itinéraires, les ruines antiques, vous avez tiré parti de tout cela avec habileté pour asseoir votre thèse. Vos fouilles aussi ont été fructueuses, et ont apporté une nouvelle confirmation à vos idées. Vous avez fait là, un beau et bon travail qui profite à l'archéologie locale et aussi à la science générale.

Permettez-moi donc monsieur, de vous en féliciter chaleureusement et de vous remercier de l'envoi que vous avez bien voulu me faire de votre mémoire. Je n'oublie point le bon espoir que vous m'avez donné, si vous venez, cet hiver, à Nice, de pousser une pointe jusqu'à Rome. Nous passerons ensemble quelques bonnes journées ; je vous le promets. Veuillez agréer, monsieur, avec mes remerciements, l'assurance de mes sentiments les plus distingués. Signé : CHEVALIER, clerc national. »

COPPÉE (François), le grand poëte, né à Paris en 1843. De l'Académie française. Lettre du 19 novembre 1878, à Paris.

« Monsieur, la lettre que vous m'avez fait l'honneur de m'écrire, est fort intéressante pour la Comédie française ; et elle sera flattée de la courtoise pensée que vous avez eue d'offrir, à ses archives, un portrait de l'acteur-auteur Dumaniant. J'attends avec impatience ce curieux document qui doit, en effet, combler une lacune dans nos collections. Veuillez agréer, monsieur, avec mes remerciements empressés, l'expression de mes meilleurs sentiments. Signé : François COPPÉE. »

DELAUNAY (Louis-Arsène), né à Paris, en 1826. Célèbre acteur de la Comédie française. Il m'envoie son portrait avec cet aimable mot ; de 1878 :

« Monsieur, voilà tout ce que j'ai pour le moment. Je vous envoie ce mauvais portrait en souvenir de votre beau pays que j'ai parcouru il y a deux ans. Signé L. DELAUNAY, de la Comédie française »

DUMAS (Alexandre), fils, l'illustre littérateur et auteur dramatique, né à Paris, en 1824. Décédé en 1895 Lettre du 13 janvier 1886, à Paris, m'adressant une série de ses portraits.

« Cher monsieur, je vous remercie beaucoup des renseignements que vous me donnez sur mon portrait de Vestris. Il est exact. Je savais bien que c'était celui du second Vestris Le costume en faisait foi ; mais je suis content que vous confirmiez cette attribution, parce que quelqu'un prétendait que c'était le portrait du frère de Dumouriez. Je vous expédie en même temps les portraits que je crois que vous n'avez pas. Le plus grand et le plus pâle est un fac-simile remarquable d'un portrait à la mine de plomb par Jacquemart, fait pour l'édition de Manon Lescaut, publiée par les Glady. Croyez, cher monsieur, à tous. mes sentiments les plus dévoués. Signé : A. DUMAS »

DUPANLOUP (Monseigneur Félix), évêque d'Orléans, célèbre. Au sujet de documents concernant Thomas d'Arc, un parent de Jeanne d'Arc, établi à Herment (Puy-de-Dôme) en 1450.

« Lacombe, le 4 octobre 1874. Domène (Isère). Monsieur, j'ai reçu avec grande reconnaissance le document que vous avez bien voulu m'envoyer et je lirai avec grand intéret, ceux que vous voulez bien m'annoncer encore. Veuillez agréer avec ma vive gratitude, mes plus dévoués sentiments en N. S. Signé : F. évêque d'Orléans ».

DUTUIT (Eugène). Décédé. Le grand collectionneur. Lettre du 4 avril 1885, de Rouen.

« Monsieur, je vous remercie des trois ouvrages que vous m'avez adressés. Ils sont très intéressants et prouvent que si partout, en France, on peut composer de bon livres, on trouve, à Moulins, des imprimeurs pour les classer avantageusement dans les meilleurs bibliothèques. Veuillez agréer, monsieur, l'expression de mes sentiments les plus distingués. Signé : Eugène DUTUIT ».

FAURE (Félix), président de la République française, né à Paris, lettre écrite étant ministre de la marine, le 7 juillet 1894.

« Monsieur, j'ai l'honneur de vous accuser réception et de vous remercier de l'ouvrage dont vous avez bien voulu me faire hommage. Je me propose de le lire avec intérêt. Recevez, monsieur, l'expression de ma considération distinguée. Signé : F. FAURE ».

FIORELLI, directeur général des antiquités à Rome.

« Roma, addi 24 Nmbre 1882. Ho ricevuto accompagnato mi dalla pregiata lettera del 30 Ottobre de Vᵉ S. Illmâ, L'esemplare che Ella si piacque mandarmi della sua pubblicazione intorno alla scoperta ed agli scavi d'una Città Gallo-Romana ; e del dono cortese se rendo grazie cordiali. Il direttore Generale. — FIORELLI ».

GARNIER (Charles), l'éminent architecte de l'Opéra à Paris, né dans cette ville, en 1825. Décédé. Lettre du 13 mai 1885, à Paris.

« Monsieur, Je vous remercie bien de l'envoi de vos deux brochures. Elles m'ont fort intéressé et fait revivre quelques instants dans ces beaux endroits dont je garde bon et si doux souvenir. Croyez donc à ma gratitude. Votre tout dévoué. — Signé : Ch. GARNIER ».

HANOTAUX (Gabriel), qui a été ministre des affaires étrangères. Littérateur savant. Membre de l'Institut.

« Ministère des affaires étrangères. Direction des affaires politiques et des archives. Paris, Boulevard de la Tour-Maubourg, 50, 7 nov. 1882. Monsieur, Je vous remercie de l'aimable envoi que vous avez bien voulu me faire. Les observations si concluantes et les recherches si décisives que vous venez de produire dotent, décidément, la France d'une nouvelle *ville retrouvée*. La Géographie des Gaules va trouver dans vos études, sur la ligue romaine de Clermont à Limoges, un appoint des plus importants. Permettez-moi d'espérer, monsieur, que vos travaux ne sont pas à leur terme. Une foie entré dans une si bonne voie, vous ne pouvez vous arrêter ; et nous verrons, je n'en doute pas, sortir de vos habiles investigations de nouveaux titres de gloire pour cette région qui a toujours été le véritable noyau de la nationalité et de la défense française. Veuillez agréer, monsieur, avec mes remerciements, l'assurance de ma considération la plus distinguée. Signé : Gabriel HANOTAUX. »

D'HERISSON (le comte Maurice d'IRISSON), littérateur très savant, par lequel, en 1881, j'ai été chargé, comme archéologue, de surveiller les importantes fouilles d'Utique. Lettre de haut intérêt, écrite du Congo.

« Milice du Congo français, cabinet du commandant. Libreville, le 15 mai 1892. Mon cher ami. Je tiens à vous envoyer un bon souvenir et à vous renouveler l'assurance de mon amitié, si perdu au loin que je sois sur la côte d'Afrique. En arrivant ici, après un voyage de 33 jours et une quarantaine de 12, j'ai pris possession de mon commandement qui est établi sur tout le Congo français ; et comme le Congo est plus grand que la France et qu'on est forcé de se rendre pédestrement d'un poste à un autre, vous comprenez facilement toutes les difficultés qu'entraine un pareil état de choses. J'ai, par exemple, 4 ou 500 hommes dans des points situés à 600 kilomètres d'ici. Je dois renoncer à les inspecter personnellement ; car me voyez-vous parti à pied pour une promenade d'aller et retour de 1.200 kilomètres ! Tous mes hommes, dont la plus grande partie sont sénégalais, sont d'excellents soldats qui ne demandent qu'à se battre ; mais ai-je besoin de vous le dire que la conquête du Congo s'est faite et continue à se faire pacifiquement. Le pays est admirable sous le rapport de la végétation ; mais funeste au point de vue sanitaire. Par exemple, les marins envoyés ici doivent un an de service à la colonie. Eh bien, l'année dernière, sur 170 marins, 106 ont été renvoyés en France avant que leur année soit terminée. La mission, composée d'un petit nombre de pères et de frères, une cinquantaine à peu près, a déjà perdu 7 des siens cette année. C'est le revers de la médaille. Nous vivons dans un marais. La fièvre paludéenne y règne à l'état constant. Ma femme et ma fille ont pu lutter avec succès jusqu'à ce jour ; mais j'ai été gravement éprouvé et mon état est des moins satisfaisants. Aussi, maintenant, que j'ai terminé le travail de réorganisation dont j'ai été chargé, n'ai-je plus qu'un désir, c'est d'être envoyé dans une colonie moins malsaine où nous ayons au moins, moi et les miens, la chance de pouvoir y vivre quelque temps. Voyez-vous, cher ami, je crois que pour être heureux, en Afrique, il ne faudrait pas dépasser Biskra. Donnez-moi de vos bonnes nouvelles et de celles de Mme votre mère et croyez à la vieille et profonde affection de votre ami. Signé : Comte D'HERISSON ».

DE LA CROIX (Le père Camille), le savant archéologue, qui a découvert et fouillé les ruines de la ville gallo-romaine de Sanxay, près de Poitiers.

« Poitiers, le 5 novembre 1882. Monsieur, permettez-moi de vous exprimer mes plus vifs remerciements pour l'attention si délicate que vous avez eue en m'envoyant votre intéressant travail sur la ville gallo-romaine de Beauclair. Je l'ai lu avec grand intérêt et je rapprocherai même dans une publication que je prépare votre temple de trois de même forme que j'ai rencontrés depuis quelques années dans mes fouilles archéologiques. Pardonnez-moi de ne point vous faire part, aujourd'hui, de quelques questions que j'aimerais à vous poser sur quelques-unes des substructions importantes que vous signalez; mais je suis, pour le moment, encombré par une volumineuse correspondance, surmené par les visiteurs et surchargé de travail pour le Ministère qui songe, comme vous le savez sans doute, à conserver une partie du lieu d'assemblée que j'ai découvert à Sanxay. Veuillez agréer, mon cher Monsieur, l'expression de mon respectueux dévouement en N. S. — Signé : Camille DE LA CROIX.

LECOQ (Charles), le grand compositeur musicien. Il m'écrit le mot ci-dessous, à Royat où il était en villégiature, l'été de 1904 :

« Mille remerciements à monsieur Ambroise Tardieu, pour l'envoi de sa très intéressante notice sur Royat. »

LEFEBVRE (Constance-Caroline), née à Paris en 1828, mariée à l'éminent baryton Faure, de l'Opéra, en 1860. Cantatrice de grand talent. Voici une lettre d'Etretat, du 1ᵉʳ octobre 1886 :

« Monsieur, je suis chargée par mon mari de. vous présenter ses sincères excuses pour le retard qu'il a mis à vous accuser réception de votre bel ouvrage sur l'Auvergne. Il vous doit et vous envoie mille remerciements avec toutes ses félicitations. Notre séjour ici, est loin d'être pour nous, un temps de repos. Nous sommes très entourés d'amis et de famille et nous ne pouvons disposer d'un instant. C'est la seule cause d'un silence trop prolongé. Veuillez, monsieur, vous montrer indulgent et agréer l'assurance des sentiments les plus distingués de monsieur Faure. Signé : C. FAURE. »

MAKART (Hans), le grand peintre autrichien, mort à Vienne (Autriche), en 1884. Lettre du 30 juin 1884, à Vienne :

« Monsieur, en réponse à votre honorée lettre, je vous informe que mon atelier est visible pour tout le monde, chaque jour, de 4 à 5 heures. Afin que vous puissiez l'examiner plus à votre aise, vous pourrez, toujours, venir une demie heure avant ce temps. Agréez, monsieur, mes salutations. Tout dévoué. Signé: Hans MAKART. »

MASPERO, le savant directeur du musée Boulak, en Egypte :

« Boulak, le 1ᵉʳ décembre 1882. Monsieur, j'ai bien des remerciements à vous faire pour la brochure que vous avez bien voulu m'envoyer. Je n'ai point voulu vous écrire avant de l'avoir lue à fond, et les travaux d'aménagement du musée m'ont tellement occupé le mois dernier, que j'ai trouvé seulement hier, le loisir de l'étudier. Je ne puis que vous féliciter des résultats que vous avez obtenus. Vous avez bien raison de dire que c'est par l'examen de tous les points de détail local, que la science gagne chaque jour en certitude. Votre mémoire est la meilleure preuve à l'appui de votre dire ; et si l'on faisait partout, ce que vous avez fait, il n'y aurait bientôt plus d'obscurité dans la géographie de la France. Veuillez agréer, monsieur, avec tous mes remerciements, l'expression de mes sentiments les plus distingués. Signé : G. MASPERO. »

MEISSONIER (Madame veuve). Elle avait épousé, à Paris, l'illustre peintre Meissonier, né à Lyon, vers 1813, mort en 1891. Lettre du 7 avril 1892, à Paris (merveilleuse de cœur, vrai chef-d'œuvre épistolaire.

« Monsieur, votre vraie sympathie me touche bien et je vous sens *ami*. Hélas ! je ne comprends que trop ce que vous me dites, concernant Mme votre mère ; la mienne aussi, maintenant, est ma seule vie de cœur ; si je ne l'avais plus, je serais seule au monde. Son grand amour m'enveloppe encore, sans me consoler pourtant un seul moment de celui que j'ai perdu et qui a éteint, pour moi, toute lumière dans la vie. Je me débattrai jusqu'au bout maintenant dans le désespoir. Ce qu'il me reste à faire pour mon mari bien aimé me soutient quand je lui aurais rendu pieusement, passionnément, tout ce que je puis sur cette terre, j'espère que Dieu ne me laissera pas vivre. Je l'en supplie ardemment ! Vous me parlez en poète de l'Algérie... Ah ! quel rêve nous faisions d'aller là ensemble ! Je ne suis plus qu'une morte revêtue d'un semblant de vie ; car rien de ce que j'adorais avec lui, l'admirable nature, le soleil, les voyages, rien ne m'est plus rien ! J'ai fini de vivre ; car il n'est plus là pour vivre avec moi et je ne veux rien sans lui. Il faut donc que je parte, de l'autre côté, le plus tôt possible, s'il plaît à Dieu ! En présentant mes respects à Mme votre mère, dites-lui que je suis heureuse d'apprendre une amélioration dans son état. J'espère que vous ne m'en donnerez que de bonnes nouvelles Avec l'expression de mes meilleurs sentiments. Signé : Veuve MEISSONIER. »

MISTRAL (Frédéric), l'illustre poète provençal, l'auteur de *Mireille*, l'une des gloires actuelles de la France, né à Maillane (Bouches-du-Rhône) en 1830. Carte postale où il m'envoie, de Maillane, ces vers précieux, en provençal, au sujet de la bourrée d'Auvergne.

Vous souvèto Miréio
Que danses la bourréio
Tout aquest mes de mai
Emai
Longo-mai !

Signé : F. MISTRAL, Maiono, 15 de mai 1904.

DE MORTILLET (G.), grand savant, l'un de ceux qui connaissaient le mieux les temps préhistoriques de la France. Conservateur au musée de St-Germain-en-Laye. Décédé.

« St-Germain, le 4 novembre 1882. Monsieur et cher confrère. Je viens de recevoir votre belle et excellente brochure : *La ville gallo-romaine de Beauclair*. Je me suis empressé de la lire et vous adresse mes plus vifs compliments et mes meilleurs remerciements. Votre tout dévoué confrère. Signé : G. DE MORTILLET. »

OPPERT (J.), né à Hambourg en 1825, membre de l'Institut, éminent archéologue, orientaliste.

« Paris, 40, avenue d'Eyleau, le 16 novembre 1882. Monsieur, J'ai reçu, en Angleterre, votre aimable lettre ; et j'ai trouvé, à mon arrivée à Paris, votre beau mémoire. Je l'ai lu, avec intérêt et plaisir, et je vous félicite des importants résultats que votre sagacité et votre persévérance ont obtenus, et qui, je l'espère, ne seront pas les seuls dont la science archéologique vous sera redevable. Agréez, monsieur, l'expression de ma reconnaissance et de mes sentiments dévoués. Signé: J. OPPERT. »

PICHON (Jérome, baron), le célèbre bibliophile, à Paris en 1812. Décédé. Carte postale du 31 décembre 1878, de Paris, avec ces mots :

« Mille remerciements, cher monsieur, de votre souvenir. Etes-vous revenu à Clermont, rue Blatin, comme votre carte l'indique, et est-ce là que je dois vous adresser le portrait de ma chère mère ? Car je n'ai pas été à Clermont comme je me le proposais. Un mot, je vous prie et mille compliments bien empressés. Signé : B. J. PICHON. »

DE ROSSI (Jean-Baptiste), l'illustre savant qui a exploré les catacombes de Rome. Voici sa lettre sur ma découverte des fouilles de Beauclair. (Lettre précieuse) :

« Rome, 6 novembre 1882. Monsieur, je vous remercie de l'importante communication splendidement publiée sur les fouilles de Beauclair. Vous émulez les belles découvertes de la ville romaine près Poitiers. L'on avait trop oublié en France, les antiquités de l'époque romaine enfouies sous le sol, pour s'attacher à celles du Moyen-Age encore visibles. Vous portez votre habile et savant concours à la renaissance des villes romaines en Gaule. Veuillez agréer mes félicitations sincères et l'hommage des sentiments d'estime, de reconnaissance et de respect. Signé : Jean-B. de Rossi. »

SARCEY (Francisque), le grand critique et journaliste, né à Dourdan (S.-et-O.), en 1828. Décédé. Lettre, de Paris :

« Cher monsieur, je vous remercie de tout mon cœur, je m'en vais faire relier votre guide qui prendra place parmi les curiosités de ma bibliothèque. J'ai lu, avec un vif intérêt votre voyage en Espagne. Il n'a qu'un défaut : c'est d'être trop court. C'est un beau défaut. Je vous serre la main. A vous. Signé : Francisque Sarcey. »

TARDIEU (Ambroise), célèbre graveur, mort à Paris en 1841, qui a élevé cordialement mon père, Charles Tardieu. Lettre du 15 novembre 1838, au sujet du mariage de ce dernier avec Marie Peyronnet, ma mère. Belle et noble lettre :

« Mon cher ami, j'ai, enfin, reçu la nouvelle de ton mariage. Voilà donc ton sort fixé et le temps des incertitudes passé. Maintenant, c'est le bonheur vrai et durable qu'il faut poursuivre. Il dépend de toi de l'atteindre. Tous les moyens de l'obtenir sont en ton pouvoir ; avec de la constance, de la modération, de l'ordre et un esprit conciliant, tu arriveras à la possession de ce trésor que tant d'aspirants convoitent et que si peu saisissent. J'aime d'avance ta chère Marie. Tu sais que j'apprécie les esprits fermes : et la persévérance à entrer dans notre famille lui est, ici, un titre à l'affection de tous Dis lui bien qu'elle lui est déjà acquise, et qn'elle sera reçue de nous, comme la compagne d'un de mes enfants. J'ai appris une partie des circonstances qui ont accompagné ton mariage. Il faut maintenant ne plus penser qu'à consolider cette heureuse union, par une affection sincère, raisonnable, et partant éternelle. Il faut surtout, faire tous tes efforts pour conquérir la tendresse de ta belle mère. Le bonheur de sa fille est toujours le vœu d'un cœur maternel. Rends ta femme bien heureuse et sa mère t'aimera ; sois honnête homme comme par le passé. Songe sérieusement à acquérir une fortune honorable. Entoure toi d'une estime méritée ; et, après avoir satisfait le cœur de cette mère, son amour-propre et ses ambitions légitimes, pour une enfant chérie, comble les autres par la réputation que tu auras obtenue. Nous attendons avec une vive impatience, le moment qui t'amènera près de nous avec ta charmante femme. Aussi, tâche bien que cette douce espérance ne soit pas déçue. Embrasse, pour tous, aussi, ta gracieuse Marie et compte toujours sur le tendre attachement de ton père de Paris. Signé : Tardieu Ambroise. — Mon frère, sa femme et ses filles, très sensibles à ton aimable souvenir, t'envoient aussi leurs affectueuses félicitations. »

TARDIEU (Ambroise), célèbre docteur-médecin, doyen de la Faculté de Médecine, à Paris, mort en 1879, élevé avec mon père, Charles Tardieu. Au sujet de la mort de son père, mort récemment. Lettre touchante.

« Cher ami, nous avons reçu le dernier coup ! Notre pauvre père a succombé le 17, à 4 heures du matin. Depuis huit jours, l'affaiblissement de ses forces avait été en augmentant ; et la vie s'est éteinte à la suite d'une longue léthargie sans qu'il ait retrouvé un instant ses facultés physiques et morales. Ainsi, nos tristes prévisions ne nous avaient pas trompés. Certes, cette dernière séparation est moins cruelle que la première ; mais malgré cela il est impossible de n'en être pas accablé de nouveau. On se reproche d'être forcé de voir, dans cette fin hative, presqu'une consolation ; et l'on aimerait à n'être pas distrait des pensées douloureuses qui vous assiègent, même par la certitude qu'il vaut mieux, pour lui, comme pour nous, qui le chérissaient, qu'une vie pareille à la sienne ne se soit pas prolongée. Ma mère, que je n'ai prévenue qu'au dernier moment, pour ne pas lui donner bien inutilement l'anxiété d'une si pénible attente, renonce comme nous, bien difficilement, à ces soins et à ces préoccupations de chaque jour, qui, au moins, dans ces trois derniers mois, s'adressaient à lui et qui, aujourd'hui, sont éternellement brisés. Que Dieu lui donne la résignation et la conduise désormais dans une voie moins troublée ! Nous avons été durement éprouvés ; mais quelle consolation puissante nous avons trouvée dans la bienveillante sympathie qui nous a entouré et qui se lisait d'une manière si touchante le dernier jour sur ceux qui avaient su le connaître et l'aimer ! Toi aussi, cher et bon ami, tu sais qui tu perds et l'affection bien sincère que nous te conservons ne te dédommageras jamais de celle qui s'est éteinte pour toi comme pour nous. Ta femme, tes parents partageront notre peine. Assure-les aussi de notre profond attachement. Je vous embrasse bien tendrement pour les miens et pour moi. Signé : A. TARDIEU, 28 janvier 1841.

VIARDOT (Madame Pauline), née GARCIA, à Paris en 1821. Sœur de l'illustre cantatrice *La Malibran* (morte en 1836), et cantatrice célèbre elle-même :

« Paris, 243, boulevard St-Germain, 19 novembre 1885. Monsieur, je vous suis très reconnaissante pour l'intéressant *Voyage en Espagne*, que vous avez eu la gracieuseté de m'envoyer. L'Espagne est le pays de mon sang et tout ce qui y a trait m'attire et me captive. Si quelque jour, le hasard ou la médecine m'envoie au Mont-Dore, me permettrez-vous, monsieur, de vous faire une visite et vous prier de me montrer votre belle collection de portraits? Veuillez recevoir mes remerciements, pour les termes si flatteurs de votre lettre, et croyez, monsieur, à l'assurance de mes sentiments les plus distingués. Signé : Pauline VIARDOT. »

YRIARTE (Charles), le savant inspecteur des Beaux-arts. Littérateur savant. Né à Paris en 1832. Décédé.

« Marseille le 4 octobre 1882. Mon cher monsieur, j'ai reçu, en route pour l'Italie, votre mémoire sur la ville gallo-romaine de Beauclair, et je vous félicite de ce beau travail, aussi intéressant qu'il est richement et noblement imprimé. Le pays de Clermont-Ferrand, doit vous être reconnaissant de ces travaux archéologiques qui rendent leur état-civil à tous ces lieux historiques. Je vous prie de transmettre à votre collaborateur, M. François Boyer, toutes mes félicitations. Je sais tout ce qu'il y a de jouissances dans l'aléa des fouilles, et je vous envie vos découvertes. Votre bien dévoué. Signé : Charles YRIARTE. »

TABLE DES MATIÈRES

ERRATA

Il s'est glissé quelques fautes typographiques. Les lecteurs intelligents ne s'y méprendront pas. Voici, cependant, quelques corrections. Page 6, ligne 8 en remontant, *trouve* corrigez *trouvent* ; p. 75, l. 11, *IXe siècle* corrigez *XIIIe siècle* ; p. 81, ligne 6 en remontant, *cher* corrigez *chers* ; p. 82, l. 2 en remontant, *Cher* corrigez *Nièvre* ; p. 87, l. 16, 1852 corrigez 1857 ; même p. l. 2 en remontant, 1858 corrigez 1859 ; p. 88, l. 30, *Henri Renaud* corrigez *M. Henri Renaud* ; p. 90, l. 5, *conte* corrigez *comte* ; p. 91, l. 11 en remontant, *Coutois* corrigez *Courtois* ; p. 92, l. 8, *Borredon* corrigez *Bosredon* ; même page, l. 5 en remontant, *de Miral* corrigez *du Miral* ; p. 112, l. 25, au lieu de 1905 corrigez *fin de l'année 1904* ; p. 128, col. 2, l. 19 : 1905 corrigez 1904 ; p. 136, col. 2, l. 10, *phisiologie* corrigez *philologie*.

www.ingramcontent.com/pod-product-compliance
Ingram Content Group UK Ltd.
Pitfield, Milton Keynes, MK11 3LW, UK
UKHW021529080726
13613UKWH00008B/488